豆腐メンタルのわたしが宅浪で東大に入れた理《わ》由《け》

勉強法デザイナー
みおりん

二見書房

プロローグ

2013年3月10日。

その日は黄砂のひどい日で、慣れない東京の景色は右を向いても左を向いても薄黄色のもやがかかったようにぼんやりとしていました。変に生ぬるい空気が漂っていて、東京は寒いという思い込みで厚手のコートを着てきてしまった田舎者のわたしと両親は、身体にまとわりつく不快感を感じながらも、それを口に出せずにいました。

縁起の悪いことやネガティブな言葉は言わないほうがいいかな、なんて。だって、車と電車を乗り継いで、九十九パーセントの不安と一パーセントの期待を抱いて、本郷《ほんごう》までやってきたんだから。

東大の合格発表を見に。


数十分後、合格掲示板の前にわたしは立ち尽くしていました――というのは、嘘。

歓喜する人たち、胴上げされている人たち、叫んでいる人たち――その間を縫って、わたしは足早に人ごみを抜けたんです。だって、立ち尽くすほどのショックを感じる資格すら自分にはないって、自分でよくわかっていたから。

合格掲示板に、わたしの番号はありませんでした。両親にそれを伝えると、そっか、残念だったねと笑ってくれました。

高校三年生のこの一年間、模試でもずっとD判定かE判定しかとったことがなかったし、本番もさんざんな出来だったし、そもそも必要な勉強量をまったくこなせていなかったし、落ちるのなんて当たり前の結果でした。だけどね、本当に本当にちょっとだけ、わたしは期待してしまっていたんです。「これまでの人生だって結局最後はなんとかなってきたんだから、今回もなんとかいけるんじゃないか」って。

だけど、そんな結果は訪れなかった。筋の通らない奇跡って起こらないんだな、と妙に冷静に思ったのを覚えています。直後に届いた不合格通知書で、わたしは三十点という大差で不合格になっていたことがわかりました。

帰りの電車は少しだけ覚えているけど、そのあとの車での数時間の記憶がなくて。たぶん黙りこくっていたんじゃないかな、両親には気を遣わせただろうな。家に帰ってからは、自分の部屋にこもってずっと泣いていました。

だけど、しばらく泣いていたら「え、悔しい」「次は絶対に負けない!」という気持ちがむくむくと湧《わ》いてきてしまって、その日かその翌日くらいまでには、ものすごい勢いで情報収集をして、むこう一年ぶんの勉強計画を立ててしまいました。

そこからの一年間はわたしにとって、しんどいこともあったけれど楽しくて幸せなことにもあふれた、とても大切な時間になりました。

春の間は、まだ宅浪を貫き通すとまでは決められていなくて、精神的にも不安定な状態でした。もともとわたしは落ち込みやすい性格で、友人から「みおりんってメンタル弱いよね」と言われることもしばしばな「豆腐メンタル」。自分ひとりで東大合格という一大目標を叶えられるのか、世間的に難しいといわれる宅浪で成功できるのか、現役で東大に合格して遠距離になってしまった恋人とはこれからどうなるのか……考えれば考えるほど不安でした。

夏はいろいろありました。まず、六月に受けた浪人最初の模試で初めてA判定を獲得し、ようやく自分の勉強法に自信をもつことができました。最後まで宅浪で行こう、と決めたのもこのときです。でも、そんなのも束の間。七月の頭に恋人と別れることになってしまい、人生初の失恋で不眠状態に陥ってしまいました。いま思えばそんなことでって思わなくもないけれど、当時は本当に切実だった。結局病院にかかるぎりぎりのところで回復に向かったのですが、「眠れないから勉強するしかない」という真夜中がつづくのはすごくきつかったです。このころ救ってくれたのが野良猫のたろうという子なのですが、それはこの本の最後の章でお話ししますね。

一方で勉強は順調で、東大模試でもA判定や成績上位者としての名前掲載を達成。高三のころには考えられないような進歩に、自分でも感動してしまいました。

秋もそのまま比較的順調に進むことができました。十一月の東大模試でも軒並みA判定と名前掲載を達成。少しゆとりもできて、趣味にいそしむ時間をとったりもしていました。

このころ始めたのが、勉強記録ブログの投稿です。ブログの世界にはいろいろな受験生ブロガーさんたちがいて、みんな日々の勉強記録を書いたり、模試の成績をあえてさらして自分に気合いを入れたり、ブロガー同士で励ましのコメントを書き合ったりしていました。普段は家族とスタバの店員さんくらいしか話す相手がいない宅浪のわたしにとっては（週に三〜四日くらいカフェで勉強する生活でした）、たとえ顔が見えなくてもがんばっている友だちの存在を感じられるブログはとても貴重な場でした。

そして迎えた直前期。試験前の一、二週間はプレッシャーで毎日お腹を壊していました。プレッシャーっていっても、親や先生からのものではなくて、自分が自分に抱《いだ》いている期待感のプレッシャー。昔から、わたしにいちばん期待しているのは、わたしでした。

で、センター試験（現・共通テスト）ではなんと大失敗。詳しくは本編でお話ししますが、本当にこのときだけは全部無理なんじゃないかって初めて思いました。けれど、いろいろあって翌日には立ち直り、数週間後に迎えた二次試験。得意科目だったはずの英語で爆死するという想定外のショックはありましたが、全体的には一年前よりまともな解答を提出することができました。

二度目の合格発表のときのことは、本編に譲ります。自分の番号を見つけたときは、へなへなと力が抜けるような心地でした。ほんとね、ここまで来るまで大変だったなぁって。

わたしはいま、学生時代の勉強や宅浪の経験をもとに、楽しい勉強法を発信する「勉強法デザイナー」という仕事をしています。ＹｏｕＴｕｂｅ「みおりんカフェ」をはじめとしたＳＮＳでの発信の傍《かたわ》ら、これまでにも七冊の書籍を書かせていただきました。

これまでの著書は具体的に役立つ勉強のコツを詰め込んだノウハウ本でしたが、本書はまったく違うつくりになっています。目指したのは、心をじんわりと温めてくれるような、しんどかった勉強もちょっとだけまたやってみようかなという気持ちになれるような、そんな一冊。わたしが勉強と向き合うなかで考えてきたことや、勉強が上手くいかないときに考えていたこと、勉強にまつわる失敗談なんかをまとめて、勝手に「スタディーエッセイ」という新しいジャンル名をつけてみました（カバーのイラストに「Ｓｔｕｄｙ Ｅｓｓａｙ」

の文字が入っています）。わたしはエッセイを読むのが好きなのですが、そんな感じの気軽さで、勉強と関わってみてもらえたらいいなと思っています。

わたしのフォロワーさんからときどき、勉強机の写真とともにこんなメッセージをいただくことがありました。

「みおりんさんの本を、お守り代わりに勉強机の棚に飾っています。こうすると気持ちが落ち着いて、勉強のモチベーションがアップするんです」

お守り代わりになるもの、ってすごくいいなぁ……と思いました。わたしのこれまでの本は基本的にハウツーものなので、いっそ「お守り」そのものになってくれるような、勉強中の心の栄養になるような本を作れたらいいなと思ったのが、この本のはじまりです。

小学生から大人の方まで、勉強をがんばりたいすべての人に読んでいただけるように綴《つづ》ったつもりです。勉強がしんどいとき、やる気を上げたいとき、休憩中のひととき――いつでも、どのページからでも、気軽な気持ちで開いていただけたらうれしいです。

大丈夫、わたしのような豆腐メンタルのよわよわ人間でも夢を叶えることができたんです。本書でちょっとずつ栄養補給をしながら、一緒にゆるりと勉強を楽しみましょう。

豆腐メンタルのわたしが宅浪で東大に入れた理由《わけ》——目次

01
勉強で失敗したこと

02

勉強でいちばん大事なこと

03

勉強が上手くいかないときのこと

04

人生の選択のこと

05

受験のこと

06

友だち関係のこと

07

社会人になって考えたこと

08

家族のこと

01 勉強で失敗したこと

わたしのトンデモ勉強風景

「東大に合格する人たちはみんな勉強が大好きで、ガリ勉で、一日十時間以上机に向かって勉強している」……と、思っている方がときどき（ときどきじゃないのかも）いらっしゃいます。

ですが、実際のところ、東大生で「ガリ勉！」というタイプの人はそれほど多くありません。そして、なかでもわたしは、このイメージからかけ離れている学生でした。

まず、そもそもわたしは勉強があまり好きではありません。新しい物事を「学ぶ」こと自体は好きですが、机の前に座るのも、教科書を開くのも、問題を解くのもかなりの苦痛です。

そして残念ながら、わたしには集中力というものもほとんど備わっていません。すぐに気が散ってべつのことをしたくなってしまうので、集中して一つのことに取り組めるのは長くても二十分程度。社会人となったいまも、同時並行でいろいろな作業を進めてしまう癖が抜けません。

おまけに昔から身体も強くなく、週に一度は激しい腹痛で身動きがとれなくなったり、生理のときは痛みとだるさでなにもできなかったりするうえ、学生としては致命的なことに、一日長時間勉強すると、首肩こりと腰痛で翌日まったく動けなくなってしまう体質です。

……と、書いていて悲しくなってきてしまいましたが（笑）、そんなわたしがどうやって勉強してきたかというと、こうした一つひとつの悪条件に対して対策を柔軟に考えてきました。

勉強が好きではない、でもやらないといけない。それならなんとか楽しみながら勉強する方法を考えよう、と工夫するなかで「ごきげん勉強法」が生まれました。たとえば「累計で十時間勉強したらハーゲンダッツ！」などとごほうびを決めてみたり、カフェでおいしいドリンクを飲みながら勉強してみたり、ノートにかわいいシールを貼ってみたり。小さなこと、ときにはくだらないことではありますが、自分のごきげんをとれるように試行錯誤することで、勉強タイムをなるべく彩り豊かにしてきました。

集中力がないなら、集中しなくてもできるような勉強法を考える。勉強時間を十分単位で区切ったり、お風呂の中や廊下などいつもと違う場所で勉強してみたり、勉強道具だけを持って出かけて、勉強するしかない環境を無理矢理作り出してみたり、様々なことを試しました。いまも「集中力があるならそれに越したことはない」と思ってはいますが、「集中していないということは、分散しているということ。同時並行でいろいろなことを進めるマルチタスク能力があるといえるかもしれない」とポジティブに捉えるようにしています。

体調が悪い日や生理の日、長時間勉強をしないといけない日は、もはや机に向かうことすらしません。ベッドで勉強してしまいます。

左の写真は、わたしの大学時代の試験勉強風景。法学部の試験はとにかく覚えることが膨大で、信じられない分量の文章を読む必要がありました。普通に座って読んでいたらわ

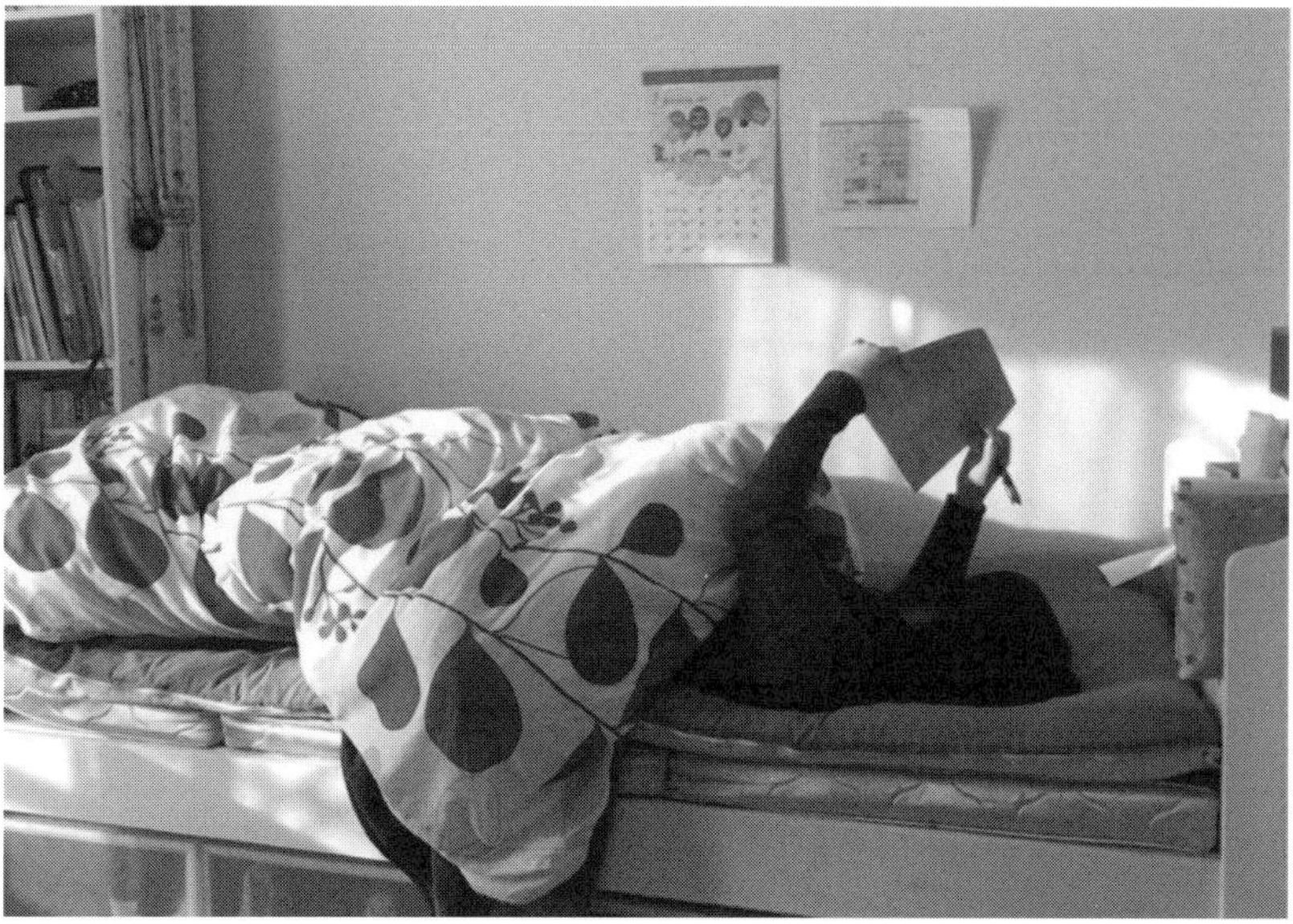

たしの身体は二日ともたないので、こんな感じで寝そべって資料を読むのが基本の勉強スタイルでした。ちなみに、いまも仕事をベッドでしてしまうことが多いです……。

勉強が大好きで、集中力があって、身体が強くて……というのが理想的ではありません。でも、そうじゃなかったら勉強に取り組めないかというとそんなことはないし、成績だってちゃんと上げられます。だから悲観的になる必要はありません。

勉強は工夫次第なんです。……って、わたしのトンデモ勉強風景の言い訳ですけど。

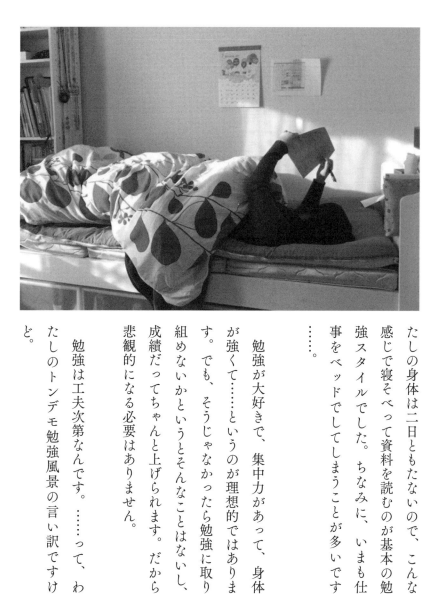

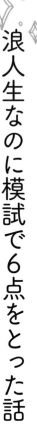

浪人生なのに模試で6点をとった話

浪人生というのは、各科目の範囲をすべてひととおり学習し終えており、すでに一度以上受験を経験しているので、春～夏の模試では現役生（高三生）に比べていい成績をとりやすいものです。そして秋～冬になると現役生の追い上げが始まり、順位が入り乱れていくのが一般的です。

……の、はずなのですが、わたしは浪人中の夏の東大模試において、数学でとんでもない結果を叩き出しました。

80点満点中、6点。偏差値、35・1。

高三のときの成績ならわかるんです。高校時代のわたしは大学受験レベルの数学が全然だめで、問題を見てもなにを書いていいやらまったく浮かばず、余白だらけの解答用紙を提出するのが常でした。

しかし！　浪人期間に入ってからは、少しずつではあるものの力がついてきている感じがしていたし、六月に受けた浪人最初の記述模試もそれなりに解けていたし、なによりこの東大模試の数学で、わたしはなんとほとんどの余白を埋めることができたんです。どや顔でめちゃくちゃたくさん解答を書きました!!

なのに6点……。逆にわたしはなにを書き込んでいたのか謎です。どこが加点されたのかも疑問ですが（笑）

プロローグでお話ししたように、わたしは現役時、合格者最低点マイナス30点という大差で東大を落ちています。ただ、じつはこの落ちた時点では、それが大差であるということすらわたしは知らなかったんですよね（情弱すぎる……）。状況を理解したのは東大に入学してからで、浪人して入ってきた同級生たちの多くが数点差もしくはコンマ数点差で昨年不合格になっ

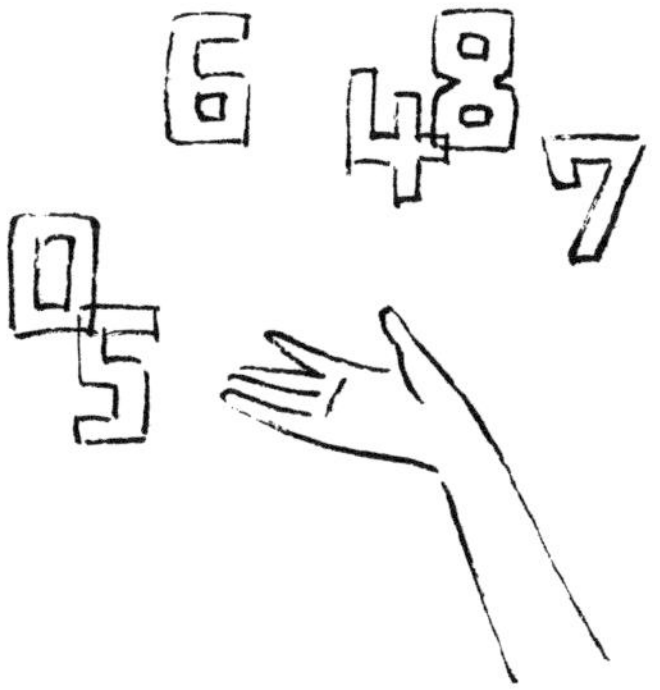

ていたと知ったときは、一年遅れで肝を冷やしました。

そんな感じだったので、6点とか偏差値35という結果を見ても驚愕して落ち込むようなことはありませんでした。がっかりはしたけど……。

いまとなっては笑い話で、「苦手な科目でも根気強くやっていればいつか克服できるよ」「点数が悪いときがあっても落ち込む必要はないよ」ということを伝えるときに、よく話のネタにしています。

ちなみにその後、秋の東大模試の数学でわたしは突如48点という得点を叩き出し（東大の文系受験生としては上出来の点数です）、当時流行っていたドラマ『半沢直樹』を真似して「8倍返しだ！」と自慢していました。そもそも80点満点の試験で「8倍返し」なんて起きちゃ困るんですけどね……（笑）

人生で一度だけしてしまったカンニング

テストで同級生やほかの受験生の解答を盗み見たり、答えやヒントを書いたメモを持ち込んだりすることをカンニングといいます。

カンニングは、絶対にしてはいけないことです。正々堂々と戦って勝ち取った得点だけが、その人の本当の得点です。

……と、えらそうなことを言ってみたのですが、じつはわたしは人生でたった一度だけ、カンニングをしてしまったことがあります。

小学校の三年生か四年生くらいの、理科のテストだったと思います。

わたしは学校のテストは得意なほうで、いつも百点を目指して解いていました。ですが、そのときのテストにはどうしてもわからない問題が一問だけあって、しばらくうんうんとうなることになってしまいました。

四択の問題だったと思うのですが、「これかな？　いや、こっちかも……」と二つくらいの選択肢で迷いに迷いました。そのとき、近くに座っていた同級生の男の子の解答が、ちらりと見えてしまったんです。

距離もあったし、覗《のぞ》き込んだつもりはなかったのですが、その問題が気になっていたわたしは無意識にその答えに目をやってしまったのだと思います。彼の答えは、わたしが迷っていた選択肢の一つでした。

「ああ、やっぱりそっちなんだ！」

そう思ったわたしは、少し罪悪感を感じながらも、まあその選択肢と迷ってたし……と自分に言い訳をして、答えを書き込んで提出しました。


で、結果どうなったかというと——間違っていたんです、その答え。

わたしの解答用紙のその問題には×がついていて、当然ですが、わたしが答えを見た男の子の解答にも、同じように×がついていました。

初犯でカンニング素人だった小学生のわたしは、「カンニングさえすれば、(ずるいけど)正解できる」と思い込んでいたんですよね。だけどそれは違いました。

カンニングをしても、必ずしも正解できるわけではない。だったらあまりする意味ないなぁ、と思いました。

そしてなにより、その解答には納得感がありませんでした。なぜなら、それはわたし自身が導き出したものではないからです。

テストを受けるというのは、与えられた問題に対して自分自身の力で考えに考えを重ね、「もしかしたら間違っているかもしれないけれど、いまの自分の答えはこれだ！」と全力をかけたものを採点者に提出する作業です。

ここで他人の力を借りてしまうと、それは自分のものではなくなってしまいます。このときわたしはたまたま不正解となりましたが、もし正解だったとしても喜べなかったのではないかと思います。

自分が納得したものではないアウトプットを提出して、採点や判断をされたくない。ましてやそれで不正解になりたくない。そう思ったわたしは、これ以降絶対にカンニングするのはやめよう、と心に誓いました。

ちなみに、正直であるということは勉強においてとてもプラスに働きます。

人生最初で最後のカンニングから時は流れ、高校時代のことです。あるとき英語の定期テストが返却された際、わたしは先生の採点ミスに気づきました。

「アドバイスのスペルは"advice"のはずなのに、わたしの書いた"advise"が丸になってしまっている！」

わたしはあれ以来正直者になっていたので、先生のところにすごすごと歩いて行き、点数が下がるのを覚悟でミスを伝えました。

すると、先生はこう言いました。

「名詞の『アドバイス』は"advice"だけど、動詞の『アドバイスする』は"advise"なんだよ。だからきみの答えで合ってるよ」

えっ、そうなの!?　不勉強だったわたしはびっくり。採点ミスではなく、たまたまわたしの答えが合っていたんです。

採点ミスではなかったわけなので、この申告で点数が下がることはありませんでした。でもそれ以上に、「今後のことを考えても、今回これを正直に申告してよかった」とわたしは思ったのです。

もしわたしが、自分の答えが間違っていると勘違いしたまま、採点ミス（だと思ったもの）を申告せずに隠していたとします。そうしたらその後もわたしは名詞と動詞のスペルの違いに気づくことなく、きっと次のテストや入試で動詞の「アドバイス」を問われたときにも、"advice"と誤って解答していたことでしょう。学校のテストならともかく、ほんの数点が命取りになるかもしれない入試でこのミスをしてしまったら、悔やんでも悔やみきれません。

たとえそのときの自分にとって不利になるかもしれなくても、目の前の勉強や得点に正直に向き合う。それによって、後々の大きな問題を防げることがあります。わたしはこれからも、勉強については潔癖なくらいに正直であろうと思っています。

二年以上こじらせた「英単語帳大嫌い病」

英語の勉強の最も重要な要素は「英単語」です。まずは単語を覚えないことには、文法、和訳、英訳、作文、長文読解、リスニング、どれにも対応することができません。

特に大学受験においては、多くの英単語を覚えていればいるほど有利です。難関大学を受けるなら、分厚い英単語帳をマスターしておく必要があります。

……なんて、そんなことは高一の無知なわたしでもわかっていました。でも、頭で理解していることとは裏腹に、わたしは高校に入ってすぐ、ある病《やまい》（？）を発症してしまいます。

それは、「英単語帳大嫌い病」。

わたしの高校では、一年生のときに学校指定の英単語帳が配られ、たしか一年生から二年生にかけて、毎回の英語の定期テストでそこから何十問かずつ出題されることになっていました。

その指定の英単語帳は、いまでも人気の定番参考書です。この単語帳自体は素晴らしいもので、なにも悪くありません。

問題はわたしのほうにありました。この単語帳に取り組みはじめてすぐに、わたしは「あ、だめだ……」と感じてしまったんです。当時のわたしはかなりのフィーリング人間だったので、一度そう直感してしまうと、もうどうしても取り組みたくなくなってしまいました。

しかし、毎回の定期テストではその単語帳からの出題があります。そこだけ白紙で出すのは悔しかったので（英語自体は得意だったので余計に）、もはや大喜利？　という感じで答えを書き込むこともしばしばでした。「・iで始まる『意図』という意味の英単語は？・」という問題に、「知らん！　ローマ字で書いてやる‼」とやけくそで"ito"と書いて提出する、というような感じです（ちなみに正解は"intention"です）。

そんな態度でのらりくらりと二年ほど過ごし、受験生となったわたしは、学校の教科書で勉強した英単語以外はほとんどわからない状態になっていました。

指定の単語帳は定期テストでの出題が終わっていたので、これを機に新しい英単語帳を買ってみようと考え、本屋さんの学習参考書コーナーを練り歩きました。そして一冊、フィーリングが合ったものを購入してみました。

だけど、使ってみてがっくり。かつて挫折した単語帳と同じように、新しい単語帳にもまったくなじめなかったのです。すぐに開くのが嫌になり、投げ出してしまいました。

その後も何冊か購入するも、同じことのくり返し。結局、全部で四冊もの英単語帳を無駄にしてしまいました。どれも人気の、間違いのないクオリティの単語帳だったのに。

わたしはすっかり自信をなくし、「自分には英単語帳は無理なんだ」と思いました。


そんなとき、東大の合格体験記を読んでいた際に、一冊の英単語帳と出会いました。

それは『ドラゴン・イングリッシュ　必修英単語1000』（講談社）という単語帳。収録されている単語数は1000語と、難関大受験には足りないものの、必修レベルの英単語を確実に学べる参考書だということでした。

さっそく本屋さんで購入し、使いはじめてみると……いままでまったく頭に入ってこなかった英単語が、嘘のようにスムーズに覚えられるようになったんです。

この英単語帳は一つひとつの単語について、その語源や語根《ごこん》について解説したり、覚え方のゴロを紹介したりしてくれているものでした。その説明がとても丁寧だったことと、語源や語根で単語の成り立ちが理解できることによって、信じられないくらいすっと覚えられるようになったのでした。

わたしはこの単語帳をやりきったあと、『DUO3・0』（アイシーピー）というべつの単語帳に取り組みはじめました。一冊やりきったという自信がついていたのと、DUOの「560個の例文で重要表現をマスターする」というコンセプトが自分に合っていたことで、二冊目も挫折せず使いこなすことができたんです。

わたしが伝えたいのは、この二冊だけが素晴らしかったとか、全員この単語帳を使ってねということではなく、自分に合った参考書を選べば一気に実力がつくことがあるよ、ということです。苦手と思っていたことでも、使う道具を変えたり、やり方を工夫したりすれば、得意になるかもしれない。わたしはこれが「勉強法をデザインする」ということだと思っていて、いまはその方法を伝える「勉強法デザイナー」という仕事をしています。

「これは苦手」「自分には向いてない」と言い訳して、切り捨ててしまうのは簡単です。だけどもう少しだけ悪あがきして、攻略方法を考えてみるといいのではないでしょうか。

ちなみにわたしが投げ出してしまった単語帳の一冊は、二歳下の弟の手に渡ってきちんと活かされ、陽の目を見たのでした（笑）

最初は解けない問題ばかりです

本書の編集者さんの一人である松本さんとは、これまでにもお仕事をご一緒させていただいていて、ときどき本や勉強について雑談することがあります。

あるとき松本さんがおっしゃったのが、「東大に合格するような人たちは、『問題集に歯が立たなくて投げ出したくなる』みたいなことはないんでしょうね」ということでした。

「いやいや、とんでもない！　むしろ問題集なんて、最初は解けない問題のほうが多いですよ！」とわたしは言いました。

もちろん、科目や分野、問題のレベルや自分自身の習熟度にもよりますが、「ひととおりインプットはしたはずなのに、問題を解こうとするとほぼなにも解けないな……」なんてことはよくあります。わたしは社会人になってからＦＰ（ファイナルシャルプランナー）の資格勉強をしていたときにも、テキストを読んだあとに問題集を解いてみたところ、一回目は八割くらい×になってしまうような状態でした。

でも、勉強って基本的にそうだと思うんです。一回目はだいたいできない。二回目、三回目と回数を重ねていくうちに、要領がわかってきて少しずつ解けるようになっていく。大学受験生時代から、わたしは「一回目はほぼ〇点」現象に慣れています。むしろそれが普通だと思っているので、一発で覚えられなくてもまったく気にしません。

勉強以外のことでも、わたしは初めて挑戦することはたいてい、周りの人よりできません。自分は要領がいいタイプではないんだろうな、ということには早いうちから気づいていました。

周りよりできないことにぶつかると、わたしは燃えてしまいます。個人的には、最初は下から三割くらいのところにいるのがいちばんやる気になります。上に七割もの人たちがいる、じゃあ圧倒的な努力をして絶対にトップになってやる！　という気持ちがふつふつと湧いてくるのです。

いまでも覚えているのは、中学生くらいのときの家庭科の授業で、りんごの皮剝《む》きをしたときのこと。わたしはりんごの皮を包丁で剝くというのが初めてで、その日の授業では

三、四センチくらいの長さでちぎれてしまい、クラスでほぼ最下位という結果になってしまいました。

それがあまりに悔しかったので、家に帰ると母に教えてもらい、ひたすらりんごの皮剝きを練習しました。その結果、クラスで一番だった子よりも長く剝けるようになったのです。

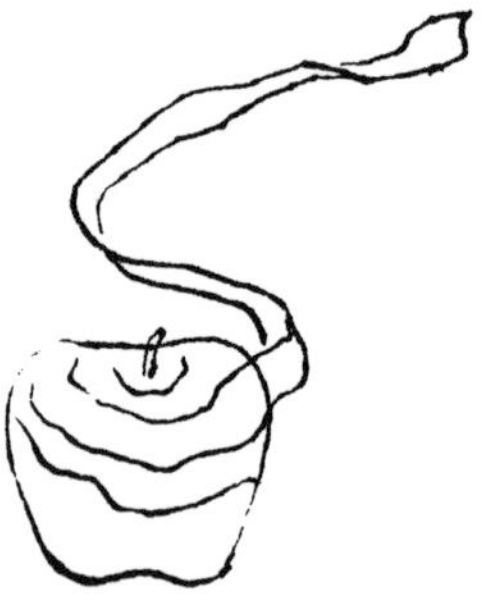

勉強でパッと解けない問題が出てきたときにはどうしているかというと、まずはしばらく自力で考えます。英単語や一問一答のようなものなら数十秒程度、計算や証明を含むような問題なら十分程度が目安です。それでなにも思いつかなかった場合は、問題に×印をつけます（正確にいうと、×印だとテンションが下がってしまうのでかわいいスヌーピーのスタンプを押します）。次に答えと解説をひととおり読み、それを横に置いて写経のように正しい答えを書きます。このとき、ただ機械的に書き写すのではなく、理解しようと頭を働かせながら書くようにしています。

なかには、答えを見ても解説を読んでも理解できなかったり、自分の解答のどこが間違っているのかわからなかったりすることもありますよね。わたしも宅浪時代はこれがネックだったのですが、こういう問題にはふせんを付けるなどしておき、一週間～数週間に一度、まとめて母校の先生に質問するようにしていました。

訊《き》きに行ける相手がいない場合は、わからない問題だけ教えてもらえるオンライン塾や質問サービスなどを使うのも手です。いまは無料のものから有料のものまでいろいろなサービスがあるので、自分に合いそうなものを探してみるといいと思います。

初めてのことは、誰だって上手くいかないものです。二回、三回とやってみても、なかなかできるようにならないこともあるでしょう。

だけど、それはあきらめる理由にはなりません。自分にとって難しいことに挑戦しているのですから、できないのは当然のことです。できないなら、できるまでがんばればいいんです。

不器用なわたしはこれからもきっと、歯が立たないような物事にたくさんぶつかることでしょう。わたしは、それがとっても楽しみです。

夏休みの宿題、最終日になっても終わらない問題

わたしが子どものころから憧れを抱きながら、決してそのようにはなれない人種というのがあります。それは、「夏休み開始から一週間くらいで宿題を終わらせる人種」です。宅浪時代の細かな勉強計画の立て方などをえらそうに発信しているせいか、よく「みおりんさんは計画的な方ですね」「きっと夏休みの宿題も七月中に終わらせていたタイプですよね」などと言われるのですが、まったくもって正反対です。わたしは非常に無計画で、怠惰《たいだ》で、お尻に火――それも、大火事レベルの火――がつかないとなにもできないタイプです。

この後回し癖はすごく幼いころからの性質で、最古の記憶は幼稚園か小学校低学年くらいのものです。わたしは当時公文式に通っていたのですが、あるときなにかキャラクターカードのようなものをもらえる機会があったんです。そのときわたしが引いたのが、「ア

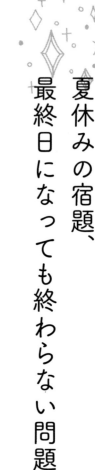

トデ」というキャラクターというか妖怪みたいなものが描かれたカードでした。

すごくおぼろげな記憶なのですが、たしかこのアトデというのは『あとでやる』が口癖の妖怪」みたいな設定で、「あとであとでと後回しにすると、大変な目に遭《あ》いますよ」みたいな教訓コメントが添えられていました。それを読んだとき、幼心に「わー、これわたしだ……」と思ったんですよね。

決定打は小学校三年生くらいの夏休みでした。プールやらキャンプやら虫捕りやらを楽しみ、夏を満喫した休暇最終日、わたしは数十ページある漢字ドリルの宿題を一ページも終えていないことに気づきました。気づきましたというか、本当は薄々わかっていたんですが、知らないふりをしていたんですよね。最終日になってようやく、嫌でも対峙《たいじ》しなければならなくなってしまったのです。

母にも「どうしてここまでやらなかったの」と言われ（当然のツッコミ）、わたしは号泣。夜中までかけて、漢字を書きつづけました。

さて、ここからが問題なのですが、これで反省し、「二度とこんなことはするもんか。来年からはちゃんと早めに宿題を終わらせよう！」と心を入れ替えるかと思いきや、わたしが考えたのはまったく逆のことでした。

「なんだ、めちゃくちゃ大変なことになったと思っていたけど、意外と一日で終わるんじゃん。じゃあ、来年も最終日まで放っておいて大丈夫だな」一日で終わらせられるなら、初日の一日でやれよ……という感じですが、できないんですよねそれが。そしてこの後エスカレートし、中高生のときには「夏休みの宿題といっても、提出日は各科目の初回授業のときだな。ということは、夏休み最終日に終わっていなくても大丈夫じゃん」ということに気づいてしまいました。結局、どの宿題も各科目の初回授業の前日まで（つまり始業式後まで）引っ張るのが習慣になってしまったんです。

この究極の後回し癖は大人になってからも本当に直らず、それによって失敗したことも多々あります。ただ、妙なプライドだけはあったので、宿題の提出日を過ぎたことはたぶん一度もなかったと思います。先生には怒られずに済みました……。

これに関しては本当に真似しないでいただきたいですし、よい子のみなさんは七月中に宿題を終わらせようねという感じですが（どの口が言ってるんだ）、「提出期限だけは絶対に守る」というのはぜひ大切にしていただければと思います。宿題の提出期限というのは、先生との大事な約束です。どのタイミングで宿題を始めても終えてもかまいませんが、約束は必ず守るということだけは徹底しておくと、大人になってからも信用されやすい人になれるのではないかな、と思っています。

一時間遅い電車に乗ってしまう謎の癖

最近はだいぶよくなったのですが、わたしにはもともと、「電車の時刻をなぜか一時間勘違いする」という癖がありました。

中学生と浪人生のときにそれぞれ記憶に残っている失敗があるのですが、まず中学生のときには塾に向かう電車の時刻を一時間間違えました。夏期講習かなにかだったと思うのですが、意気揚々と家を出たものの、電車に乗っても普段見かけるはずの友だちに会わない。塾の近くまでたどり着いても、いつも挨拶しながら出迎えてくれる先生がいない。なんだか静かだな、おかしいな……と思って時計を見ると、一限目より前に着くつもりで来たはずが、その一限目がちょうど終わろうとしているくらいの時間でした。教室に向かう階段を上る足が、がくがくと震えはじめます。みんな、もう授業を受けてる……！　わたし、とんでもない大遅刻じゃん！

その後のことはよく覚えていませんが、みんなにすごくふしぎそうな目で見られた記憶があります。


浪人生のときには、模試を受けに行くための電車の時刻を間違えました。やはり開始時刻に一時間遅刻する電車を選んでしまっていて、危うくまた大遅刻となるところでした。結果的には最後に猛ダッシュするだけで済んだのですが、緊張とショックで手はぶるぶると震え、受験票のようなものに記入するときに上手く字が書けなかったこと、一教科目のはじめの問題が全然頭に入ってこなかったことを覚えています。

浪人中はこれがトラウマとなり、「次にこれをやらかしたらまずい！」ということで、模試の日は「この電車に乗れば正しい時刻に到着するよね？　合ってるよね？」と母にダブルチェックしてもらうようにしました。入試の日のタイムスケジュールも早めに組んでおき、電車の時刻やホテルを出る時刻を母に見せて確認してもらいました。

なぜこんな間違いをしてしまうのか、そしてなぜ最近はそれがよくなったのか、どちらもさっぱりわかりません。ただ、自分の間違いや勘違いの癖を知っておき、リスクヘッジをしておくということはとても大切だと思います。模試の日に失敗しなかったら、もしかしたら入試当日に一時間の遅刻という笑えないことになっていたかもしれないので……。みなさん、時間には本当に気をつけてくださいね。

02 勉強でいちばん大事なこと

勉強で大切な「品性」の話

わたしのところによく届くリクエストの一つに、こんなものがあります。

「効率的に勉強する方法を教えてください！」

勉強において、効率を考えることはとても大切です。効率よく勉強すれば、短い時間でより多くのことを覚えられるようになったり、覚えたことを忘れにくくなったりしますよね。だから基本的には、この質問が出てくるのは素晴らしいことです。

でも、いろいろとお話を聞いていくと、こうしたメッセージを送ってくれる人には二種類のパターンがあるような気がしてきました。

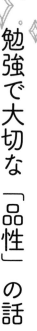

A：すでに勉強をがんばっていて、さらに上を目指すために効率をアップさせる方法を知りたい人。

B：これまで勉強をがんばってきてはおらず、とりあえず手っ取り早く成績が上がる方法を知りたい人。

Aパターンの人については、いうことなしです。東大で出会った友人の多くも、このタイプの人たちだったなぁと感じます。

問題はBパターンの人。この人は単に、「なるべく努力せず、ラクして成績を上げたい」と考えている人なのではないかな、と思うのです。

「効率を追求するスマートさ」はとても大切です。けれど同時に、「愚直にがんばる泥くささ」も、みなさんにはもっていてほしいなと思います。

残念ながらこの世にはまだ、がんばらずに成績が上がる魔法のような方法や、ドラえもんに出てくる便利なひみつ道具は存在しません。わたしたちは、目標とする山頂までなるべく近道できる方法を探しながらも、結局は自分の足で一歩一歩登っていくしかないんです。

スマートさと泥くささ。勉強でもスポーツでも仕事でも、この二つを併《あわ》せもっている人はとても強いです。効率的な勉強法を探し、その方法で毎日膨大な量の問題演習を重ねる。対戦相手の癖や戦術を徹底的に分析し、最適な攻撃の技をとにかく地道に練習する。市《し》場《じょう》のトレンドを事細かに調べ上げ、細かくて地味な施策をひたすら打ちつづける。こうしたことができる人は、いつか必ず自分の望む結果を得られるでしょう。

努力もせず、とりあえず成績が上がりそうな方法を教えてもらおう、というのは、あまり品のある考え方とはいえないのではないでしょうか。スマートさと泥くささの両方をもっておこうと考えるのが、勉強において必要な品性なのではないかなとわたしは思っています。

もう一つ、勉強をがんばろうと思っているみなさんに知っておいてほしいことがあります。

それは、「勉強は他人との競争ではない」ということです。

たしかに、学校のテストや模試では順位や偏差値が出るし、受験では成績のよかった人から順に合格になります。でもこれは、本当の意味では「他人との戦い」ではありません。

なぜなら、勉強においては、「相手を蹴落とす」ということは不可能だからです。いくらがんばったとしても、（その人のシャーペンを試験当日にぶっ壊すとか、その人を試験直前にぶん殴るとかしない限りは）外からの力で誰かの成績を落とすということはできないのです。

勉強において「勝つ」ためにできるのは、自分の成績を上げることだけです。これは結局自分との戦いです。自分自身がどれだけがんばることができるか。その努力が結果的に誰かより高い点数に表れるかどうか、というだけのことです。

受験はたしかに定員数をめぐる戦いですが、実際のところ、ほかの受験者との比較によって合否が決まるのは合格ラインぎりぎりのわずかなゾーンに入ってしまったときだけです。それ以外のゾーンにおいては、「ほかの誰かの成績がよかったから不合格になってしまった」「ほかの誰かの成績が悪かったから合格できた」とはあまりいえないでしょう。

ライバルに勝つために勉強をがんばったり、目標順位を定めて勉強したりすること自体は素晴らしいことです。大切なモチベーションの源泉となるでしょう。

ただ、「相手を蹴落とす」という捉え方はしないでほしいな、

と思っています。勉強は誰かに勝ったかどうかではなく、自分がどれだけがんばったかによって力が身につきます。あなたが八十点、ライバルが九十点をとったら、あなたはそのテストでは負けてしまったかもしれないけれど、勝ち負けに関わらず八十点ぶんの力がついているのです。逆に、あなたが六十点でライバルが五十点だった場合、あなたはそのテストでは勝つことができても、六十点ぶんの力しかつけられずに終わってしまいます。

誰かを蹴落とすのではなく、自分自身が実力をつけて上がっていく。基本的なことではありますが、これも勉強に取り組むうえでは大切な品性だとわたしは考えています。

「学校の勉強は役に立たない」は大嘘

「学校の勉強は人生の役に立たない」

「学校の授業で教わったことなんて、社会に出たら使えない」

こんな言葉を聞いたことがある人は多いのではないでしょうか。

わたしはときどき講演で中学校などにお邪魔するのですが、「どうせ勉強なんて受験以外では役に立たないんだ」と思っている子ってすごく多いんだな、と感じています。

わたしは普段、なにかを断言することはあまりありません。たいていいつも、「こういう考え方もあるけど、わたしはこう思っています」「こういうやり方やこういうやり方があるけど、そのなかから自分に合いそうなものを選んでね」というような伝え方をしています。

ですが、これに関してははっきりと、明確に否定させていただきます。

学校の勉強が役に立たないなどということは、絶対にありません。このようなことを言っている人は、ただ自分が勉強をしてこなかったり、その役立て方に気づけていなかったりするだけです。

まず、学校の勉強は日常生活で直接的に役立ちます。たとえば英語を勉強していれば、外国の人に道を訊かれたときにスムーズに案内してあげることができたり、海外からの留学生と仲良くなれたりしますよね。数学で勉強する方程式は普段なにかの数字を出さなければならないときに使えるし（わたしはときどき簡単な方程式を立てて計算しています）、社会で勉強する選挙の仕組みは政治に参加する第一歩の大切な知識です。

学校の勉強を応用して、間接的に役立てることもできます。たとえば、数学の因数分解の考え方を応用して、物事の要素を分解することで売上アップのための計算をすることなども可能です。

売上
＝商品の単価×売れた数
＝商品の単価×（商品を知ってくれた人の数×購入してくれた人の割合）

のように分解していって、売上をアップさせるために「今回は単価を上げてみよう」「単価は変えられないから、購入の割合を上げられるようにキャンペーンを実施しよう」などと考える、といったことができますよね。

また、勉強をしておくと、圧倒的に世界が広がるというメリットもあります。勉強してきた人としてこなかった人とでは、見ている景色がまるっきり違います。

たとえば歴史を勉強していれば、旅行先で博物館に行った際、「歴史で習ったあの事件はここで起きたんだ。これが当時の書物で、人々はこんなことを考えていたんだ」といったことがわかり、机上で学んだことと目の前の知識がつながる、めくるめくような素晴らしい体験をすることができます。英語のリスニングを少しがんばっておけば、字幕で映画を観た際に、限られた文字数の日本語字幕には入りきらなかった英語のジョークを聴き取ることができたり（これが結構おもしろい！）、字幕では抜けていてわかりづらかった主語を英語で聴き取ることで、「ああ、そういうことか」と内容の理解が深まったりします（少しややこしい筋書きの映画や登場人物の多い映画のときなどは、これがとても役立ちます）。

勉強しておけばおくほど、世界を楽しめるようになるのです。

人間関係や仕事においても、勉強しておくことのメリットはたくさんあります。わたしがいちばん感じているのが、「勉強をすればするほど会話のひきだしが増える」ということです。

学校の勉強に限らずですが、知識は多ければ多いほど様々な話題に対応することができるようになります。たとえば同じクラスに、あるアイドルグループのことが大好きな子がいたとします。その子がそのグループの話をしたときに、グループ名すら知らない状態では「そうなんだ」と相槌《あいづち》を打つことしかできず、会話がすぐに終わってしまうかもしれません。でも、「もしかして、〇〇ちゃんって子がいるグループ？　このあいだテレビで観たよ」ということが言えれば、「そうそう、そのグループ！　〇〇ちゃんはいちばん人気の子なんだけど、わたしは××ちゃんっていうダンスの得意な子を推してるの」などと盛り上がることができますよね。このように、ほんのわずかでも「かじっておく」ことで、相手と共通の話題のきっかけを見つけて関係を深めることができるんです。

これは学校の勉強についても同じ。特に大学の勉強などは、専攻していなかったとしても授業を少し受けたことがあるというだけで会話の糸口ができたりします。わたしは法学部出身なのですが、他学部聴講のような感じでほかの学部の授業にもよく出席していました。そのため、たとえば教育心理学が専門の方とお会いした際に「教育学部の心理系の授業でこんなことを学んだことがある」とお話しして会話が盛り上がったり、生物学が専門の方とお会いした際に「農学部の生物系の授業でこんな勉強をしたことがある」とお話しして、さらに詳しい知識を教えてもらったりすることがあります。

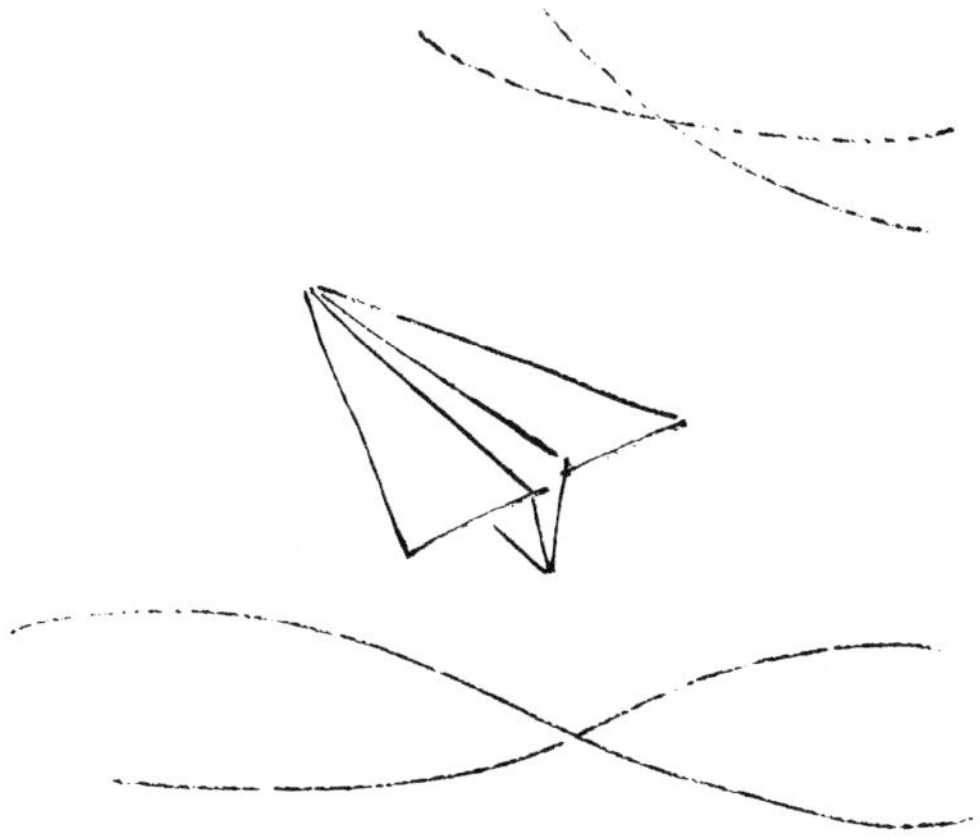

勉強内容そのものだけでなく、勉強を通して得た力もものすごく役に立ちます。

高い目標を目指して勉強すると、計画を立てる力や振り返る力、自分を律する力、つらいときにも踏ん張る精神力など、本当に様々な力がつきます。わたしは東大受験の勉強をしていたころ、学力だけでなくあらゆる力が磨かれ、圧倒的に成長できたなと思っています。

こうした力は社会に出ると直接的に役立ちます。たとえば勉強を通して身につけた計画力は仕事の計画を立てるときにそのまま使えますし、物事を論理的に考える力は仕事の問題を整理するときに活用できます。わたしは社会人になって、「これは勉強をがんばってきたからこそできることだな」と思う場面がたくさんあるし、逆に勉強をしてこなかった方がそれによって苦労している場面も何度も見ています。

勉強しておくことのもう一つの大きなメリットは、将来の選択肢が広がるということです。

学歴が高い人がえらい、低い人がえらくない、ということは決してありません。学歴があれば幸せになれるわけでも、豊かになれるわけでもありません。

ですが、学歴が上がれば上がるほど、選べる道が増えるというのは事実です。やはり中卒よりは高卒のほうが、高卒よりは大卒のほうが、応募できる仕事の幅は広くなります。

学力についても同じです。学力が高いほうがえらいわけではありません。ですが、一般的には学力が高いほど、選べる進学先が広がります。

たとえば偏差値が七十あれば、「偏差値七十のA校にも、六十のB校にも、五十のC校にも入れるけど、自分は吹奏楽に力を入れたいからB校を選ぶ」というように、自分にとって最善の選択ができます。一方で偏差値が四十だったら、四十以下の学校のなかで進学先を探すことになり、選べる幅は狭まってしまいます。

わたしはこの仕事を始めて、たくさんの大人の方からこんな言葉をかけられました。

「学生時代、もっと勉強をしておけばよかった。もっと早くみおりんさんの発信に出会いたかった」

勉強をしておけばよかったと後悔している大人は本当に本当に多いです。大人の学び直しがトレンドになっているのも、きっとそうしたことが背景にあるのでしょう。

そして逆に、「勉強なんてしなければよかった」「学生時代に勉強してしまったことを後悔している」と言う大人には、わたしは一人も会ったことがありません。

それがすべてなのではないでしょうか。勉強するもしないも、個人の自由です。勉強しなくても幸せにはきっとなれます。だけど、勉強しておけば必ずなにかの役に立つ。勉強しなければきっと後悔する。だったら面倒くさくても、多少はがんばっておいたほうがお得なんじゃないかな、というのがわたしの感じていることです。

少なくともわたしは、勉強した内容や勉強を通して得た力が日々ものすごく役立っているし、毎日のように「勉強してきてよかった」と実感しています。

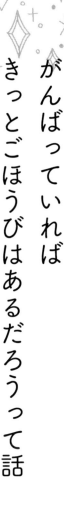

がんばっていればきっとごほうびはあるだろうって話

ときどき、「努力は必ず報われる」というメッセージを見かけたり、逆に「努力は報われるとは限らない」みたいな言葉に出会ったりしますよね。

わたしの考えは、

「努力がそのまま直接報われるかはわからないけど、がんばっていれば絶対にごほうびはあるだろう」

です。

たとえば受験勉強をがんばって、必ずしも志望校合格という報われ方をするとは限らない。だけど、がんばったぶん得られるものや受け取れるものは絶対にあります。

わたしは高三のとき、東大を受験しました。自分なりには「がんばった」つもりでした。合格者と比べて足りていなかったのは事実だけど、たしかにわたしは、努力をしていたんです。

でもその年は大差で不合格になりました。だから東大合格という形では、その努力は報われなかった。

だけど、このときにした苦労や試行錯誤はいまのわたしの糧《かて》になっていて、なんなら一度落ちて宅浪という手段を選んだことで、いまは仕事にもつながっています。もし現役生のときに努力をしていなかったら、浪人してもきっと受からなかったと思うし、落ちた年の学びを活かしてリベンジしようとも思えなかったと思います。

それに、不合格にはなったけれど、わたしのがんばりは周りの人も見てくれていたから、たとえば両親はわたしの浪人を許してくれたし、浪人時代は家族との時間をたくさん過ごすこともできました。それはわたしにとってごほうびだったと思います。

わたしは、神様や仏様はそれほど意地悪じゃないと思っています。いつもわたしたちのことを見てくれていて、がんばりに応じて、ときどきだけどごほうびをくれる。むしろそうじゃなかったら、わたしはがんばれないし、誰のことも励ますことができません。
最後に、わたしが宅浪時代の東大入試直前、日記に書いていた一節を引用します。

このしんどさを越えたら、必ずごほうびがあるって信じたい。
もし苦しさの先にしかるべき報いが存在しないなら、
わたしはこの先なにを信じて生きていけるんだろう

十九歳のわたしに、言ってあげたいです。ごほうびはちゃんとあったよ。あなたががんばってくれたおかげで、わたしはいまも幸せです。

ありきたりじゃない勉強法は、一度疑ったほうがいい

本当にありがたいことに、わたしのブログやYouTube、その他のSNSなどでは、アンチコメントがついたり、嫌なメッセージをいただいたりすることがほとんどありません。

ですが、稀《まれ》に少しだけネガティブなご意見をいただくこともあります。悪意のあるものはさておき、建設的な提案のあるものや、単なる非難ではなく批判になっているものについては、コメントを読んで真摯《しんし》に受け止めています。「反論したい！」という気持ちになったことも特にありません。

ただ、たまにいただくご意見で一つだけ、「これはちょっと捉え方を変えていただいたほうがいいかも？」というものがあるので、そのことについて少しお話ししたいと思います。

それは、「みおりんの発信する勉強法はありきたりであり、物珍しさがない」というものです。

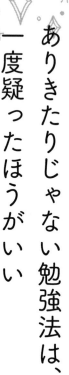

わたしはこのご意見について、反論するつもりはまったくありません。というかそこがポイントで、わたしは「本当にそうなんです！　ありきたりなんです！」と思っています。

なぜならわたしは、勉強法はありきたりでよい、むしろありきたりくらいのほうがよいと考えているからです。

もちろん、新鮮でびっくりするような勉強法があれば、わたしだって心惹かれます。ただ、そういう勉強法できちんと成績アップを叶えられるようなものは本当に稀です。もしあったら、なぜいままで誰もやってこなかったのか、ということになってしまいます。

わたしたちも、わたしたちのお父さんお母さんも、そのまたお父さんお母さんも、さらにそのまたお父さんお母さんも……とさかのぼって、本当に本当に大昔から、わたしたち人間は「学ぶ」ということをしてきました。そしてそのなかで、正しい勉強法や効率的な勉強法のベースはほとんど確立されているはずだとわたしは思っています。

勉強にはインプットとアウトプットがあり、両方をバランスよくこなすことが大事。解きっぱなしよりもきちんと復習したほうが実力がつく。問題を解くときにはノートを使うとよい。単語暗記には単語カードや赤シートが使える。英語の勉強では声に出したり音声を聴いたりすることが大事……などなど、勉強法の「基本」となるもの、定説はすでに出つくしています。もちろん、最新の研究からここに新たな方法や考え方が加わる可能性はありますが、それはそんなにしょっちゅうあることではないし、またこれまでの定説を根本から覆《くつがえ》すということもほとんどないでしょう。

となると、わたしたちができるのは、「常識とされている基本的な勉強法をしっかりとおさえ、そこに多少のオリジナル要素を加える」ということだけです。

周りの東大生や東大出身者と話していて、「この人の勉強法、聞いたことがないような珍しいやり方だな」とか、「そんなとんでもない勉強法があったのか！」などと思ったことはこれまでに一度もありません。みんな、「まあ普通はそうだよね」という基本の勉強法を、自分なりにアレンジしたり極めたりして勉強してきています。

だからこそ、わたしは「普通の」勉強法ばかりを発信しているし、そこに加えられそうなオリジナル要素がある場合にはあわせてご紹介するようにしています。たとえば、

「ごほうびを用意して勉強するとモチベーションが上がるよ」（＝普通のこと）

＋

「ポイントカードやビンゴカードを手作りする『自分キャンペーン』という方法でごほうび作戦をやると楽しいよ」（＝オリジナル要素）

とか、

「赤シートを使うと暗記がしやすいよ」（＝普通のこと）

＋

「手のひらサイズのバインダーとリフィルに全科目の苦手をまとめて赤シートと一緒に綴じると、自分だけの最強暗記ノートが作れるよ」（＝オリジナル要素）

などと発信するような感じです。

逆に、もし「この勉強法は革命的だ！」とか、「初めて聞くようなキャッチーな方法だ！」という場合には、その勉強法は一度疑ったほうがいいと思います。なかには本当に最新の素晴らしい勉強法もあるかもしれませんが、たいていの場合は以下のどちらかになるとわたしは考えています。

・新鮮さはあるが、効果が薄い。もしくは効率がよくない
・キャッチーだが、それを実践できる人は現実的にほとんどいない

もちろんわたしも、加えられるオリジナル要素はなるべくたくさん探して発信したいと思っていますし、コンテンツの見せ方で工夫できる部分はできる限り努力したいと思っています。ただ、みおりんの勉強法自体がありきたりである、ということについては、そのとおりだけれどそれは当たり前だと思っているよ、ということをお伝えしたいと思いました。

発信のしかたについてはこれからも精一杯模索していくので、みなさんと一緒に楽しい勉強法を見つけていけたらうれしいです。

03

勉強が上手くいかないときのこと

わたしはすごく運が悪いし、すごく運がいい

勉強では、「運」というものを意識する機会がよくあると思います。受験に合格する・しないはもちろん、定期テストでまぐれで正解したり、たまたま山掛けしていたところが出題されたり。もちろんその逆も。

日常でも、「自分は運がいい・悪い」と考える場面がありますよね。福引きや席替えなどなど。

みなさんは、運がいいほうですか？　それとも悪いほうだと思っていますか？

わたしは昔から、「自分がとても運が悪くて、とても運がいい」と思っていました。

普段の生活においては、結構運が悪いことが多いんです（もちろんこの年齢まで、大きな怪我や病気をせずに生きてこられたことはこのうえない幸運だと思っていますが、ここ

でのお話は日常生活のちょっとしたことについてです）。

たとえば、アジのたたきを家族で食べると、小さいころから必ずわたしだけ鱗《うろこ》に当たります。何度食べても毎回同じ。父には、もう食べる前から「きっとみおりんだけ当たるんだろうね」と言われるようになってしまいました（そして本当に当たります……（泣））。

以前何人かで焼き鳥を食べに行ったときも、平気な人もいたのにわたしは食中毒で何日も高熱と腹痛にうなされることに。コンビニのコーヒーを入れようとしたら、なぜかコーヒーではなく謎の白いお湯が噴き出すし、このあいだはおしゃれなカフェで頼んだサラダランチに二匹も虫さんを見つけてしまったし（ひえ〜）、自動ドアやトイレの手を洗うセンサーもなぜかわたしの存在を感知しないし、あっトイレで思い出しましたが、音姫のボタンを押したら全室（！）の音姫が流れ出し、大洪水のような音にびっくりして、あわてて逃げ出したこともあります。

身体も強くなく、腹痛持ちで月に何度も身動きがとれなくなったり痛みで吐きそうになったり駅で立ち往生したりするし、少しでも無理すると首肩こりがひどくて何日も動けなくなるから長時間の勉強や仕事はできないし、生理痛は毎回動けないくらいしんどいし、花粉症だし、いい出せばキリがありません。

こうしたことはもちろん誰にでもあると思うのですが、よく「みおりんってそういう星のもとに生まれてきてるよね」とからかわれるので、どうやら周りの人に見えているぶんだけでも人よりは多いような気がします。

でも、わたしは日常でどんなに運が悪いことがあっても、平気で笑い飛ばすことができます。理由は二つあります。

一つは、どんなことも話のネタになると思っているからです。特に人と仲良くなるときには失敗談ほど役に立ちますし、親しみやすく思ってもらえることもあります。

そしてもう一つは、「わたしはここぞというときのために運を貯めている」と思っているからです。

誰でも、人生には「ここでは絶対に勝ちたい」と思う場面があります。たとえば受験。たとえば就職。たとえば仕事の大事なプレゼン。

わたしはこういう場面で、必ず最善の結果を得られる人間だと確信しています。だから、日々の些末《さまつ》な不運はしかたない、譲ってやろう、という感じです。

「自分は絶対に勝ちたい場面では最善の結果を得られる人間だ」と思い込めることは、強い自己肯定感につながります。自己肯定感とこの感覚は「ニワトリと卵」のようなものですが、運がいいと思い込めば自己肯定感も高まるし、自己肯定感が高まれば運もいいと思えるようになると思います。

YouTubeチャンネル「とある男が授業をしてみた」の葉一さんの著書『自宅学習の強化書』（フォレスト出版）にも次のようなことが書いてあり、とても共感しました。

私がすごくネガティブだった高校生の頃、2年くらいやり続けたら、自分の考え方がかなり変わったと感じた自己暗示法です。
鏡の前で、「お前は運がいいから大丈夫だ」と言うだけ。（中略）言霊《ことだま》じゃないですが、言葉の力ってやっぱり大きいんです。

日常の小さなこと、ここぞというときの大きなこと、どちらでもなんでもかまわないので、「自分は運がいいぞ！」とぜひ口にしてみてください。ふしぎなもので、自分は運がいいと思うと、運を引き寄せるための行動をしようという気にもなるものです。わたしはありがたい強運に見合った人間になれるよう、普段から人を傷つけたり恨んだりしないように気をつけています。

ちなみに、大事な場面で一度でも失敗したらもう一生「自分は運がいい」と思えなくなるかというと、そんなことはありません。

たとえばわたしは高三の受験では大差で東大に落ちていますが、あのとき不合格になったことは本当にラッキーだったと感じています。もしまぐれで合格していたら、入学してから苦労しただけでなく、もう一年浪人することで得られたはずのあらゆることを経験できず、いまよりずっと薄っぺらい人間になっていたと思います。さらにいうと、あの一年がなければいまわたしは勉強法を発信するようなお仕事をできていなかったのもたしかです。

つまり、受験に落ちるなどの失敗は、その時点では失敗かもしれませんが、「人生の失敗」ではありません。「人間万事塞翁が馬《にんげんばんじさいおうがうま》」という言葉もありますが、その時点ではよくないと思った出来事も、じつは長い目で見たら幸せにつながっていたということはよくあります。先ほど「必ず受かる人間」ではなく「必ず最善の結果を得られる人間」と表現したのはそのためです。

そして多くの場合、「私ってほんとに運が悪くて、何をやってもだめで……」と言っているネガティブな人より、「いやー、わたし結構運がいいと思うんだよね。ま、バナナの皮で滑《すべ》ったり、階段で転んだりするのはしょっちゅうだけどさ！」と朗らかに笑っている人や、「自分がここまで来られたのは運がよかったからです」と言っている謙虚な人のほうが好かれやすい、という特典もあります。

わたしはこれからも、とても運が悪くてとても運のいい人生を歩んでいきたいと思います。

勉強ができずに自己嫌悪に陥ってしまうときの考え方

受験生なら毎日のように、受験生でなくてもテスト前になると多くの人が、「勉強しないといけないのに、なかなかできない……」と自己嫌悪に陥りやすくなります。

わたしもずっとそうでした。「勉強しなきゃと思うけど、やる気が出てこない」「本当はもっとたくさん勉強しないといけないのに、全然進んでない」……不甲斐《ふがい》なくて、自分を責めてしまうことがよくありました。

けれど、こうした自己嫌悪を抱えている人に伝えておきたいのが、「勉強をしなきゃと思えている時点で、あなたは素

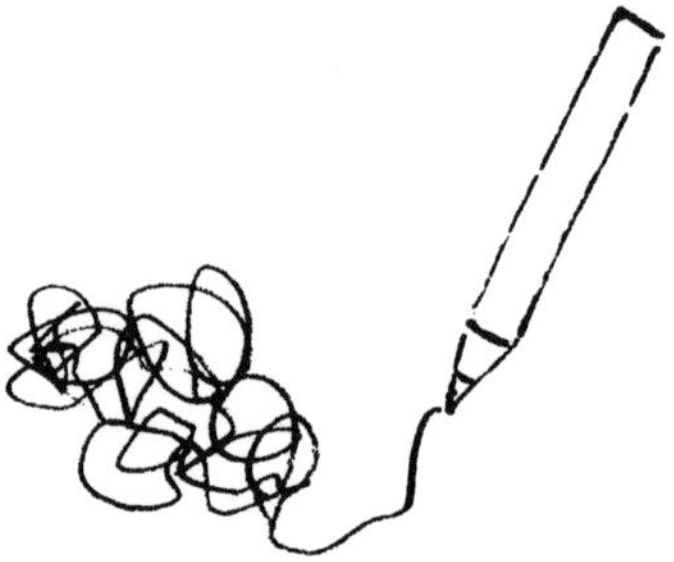

晴らしい」ということです。

だって勉強なんて、べつにしなくたって生きていけます。しておいたほうがいいのはたしかですが、テストの点数が悪くたって、有名大学に行かなくたって、特に問題なく生活していけるはずなのです。

そんななかで、「ちゃんと勉強しなきゃ」「もっと上を目指さなきゃ」と思っていること。その向上心は、それだけで価値のあるものです。まずは自分の「勉強しなきゃ」の心持ちを褒めてあげてください。

ちなみに、みおりんカフェのファンネームは「勉強がんばり隊」といいます。これには、実際に勉強をがんばれているかどうかや成績には関係なく、「勉強をがんばりたい」と思えている素晴らしいフォロワーさんたちであるという意味が込められています。

そして、仮に思うように勉強に取り組めなかったとしても、あなたは悪いことをしているわけではありません。

あなたが勉強をがんばったり、希望どおりの進路に進めたときに、喜んでくれる人はいるでしょう。ですが反対に、あなたが勉強に取り組めなかったり、高い偏差値の学校に入学できなかったとしても、それによって傷つく人は誰もいません。「親が悲しむかも」と思うかもしれませんが、それはあなたが希望どおりの道に進めなかったことについて心配するだけであって、親本人の心が傷つくということではないはずです。

誰にでも勉強や仕事に上手く向き合えない時期はあります。あなたはなにも間違ったことをしていないし、誰にも迷惑をかけていません。罪悪感をもつのはやめて、「ちょっと疲れているのかも。もう少ししたらがんばろう」と一度リフレッシュタイムをとってみてくれたらいいなと思います。

勉強がしんどいときにわたしが考えていたこと

一年間自宅浪人をしていました、と言うと、「しんどくなかったんですか？」「勉強が大変なとき、どう考えて乗り越えていましたか？」と訊かれることがよくあります。

たしかにわたしにはしんどいタイミングもありました。不安でいっぱいになったこともあるし、自信をもてなかった時期もあります。

ここでは、そんなときにわたしが考えていたことを三つほどお伝えしたいと思います。


「勉強していないことが不安」なら、勉強するしかない

受験やテストに対しての不安の多くは、「勉強ができていないこと」「勉強が足りていないこと」によるものだと思います。

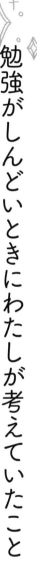

このようにいまの不安が「勉強していないこと」によるものなのであれば、それは勉強をすることでしか解消できません。逆説的ではありますが、考えてみると当然のことですよね。

勉強をしない時間が増えれば増えるほど、「勉強しない→できるようにならない→不安になる→勉強が手につかなくなる→できるようにならない→不安になる→……」と負のループにハマってしまいます。ここから抜け出すためには、どんな手を使ってでも、勉強する時間を一度しっかりとるしかありません。少しでも勉強ができれば、徐々に自信の芽が出て不安が和らいでいきます。

もちろん、なかなか手につかないということもあるでしょう。でも、つべこべ言わずにやるしかないんです。それが覚悟というものではないでしょうか。覚悟ができないのであれば、志望校や目標を変えるしかありません。

「いまの苦労は将来へのパスポート」と考える

勉強をしなければならない状況が長くつづくのは、本当にしんどいことです。なにをしていても「勉強しなくちゃ」という気持ちになるし、心から落ち着ける瞬間というのがありません。

そんなときにわたしが考えていたのは、「いまのこの苦労は、自分の目指す将来をつかむためのパスポートなのだ」ということでした。

目指す学校や資格試験で学力試験が課せられている以上、苦労しながらでも勉強をすることは自分の夢や目標を叶えるために必要な手段です。勉強そのものを心から大好きになれればもちろんベストですが、そうではなかったわたしは、「勉強は夢を叶えるための手段」とあくまで割り切って、粛々《しゅくしゅく》とこなすことにしていました。苦労をいま支払うことによって、望む将来に向けてのパスポートを手に入れることができればいい、と考えたのです。

そしてこれは「『学校の勉強は役に立たない』は大嘘」のところでもお話ししましたが、勉強をしておけば将来必ず役に立つし、人生の楽しさが倍増します。いま支払っている苦労は、受験が終わってからも一生あなたを支えてくれるのです。もしいま「勉強しても意味がないのではないか」などと思っている人は、そんなことは一切考えず、安心して勉強を積み重ねれば大丈夫です。

つらいときは、「自分が強くなっていく音」に耳をすませる

勉強でも仕事でも、しんどいときってありますよね。わたしも大学受験生のころは心が圧迫されるような気持ちがすることがありました。

だけどつらいときというのは同時に、自分がぐんぐん成長していくタイミングでもあります。わたしは受験勉強でしんどいとき、自分がどんどん強くたくましくなっていくのを肌で感じていました。メリメリ、メキメキ……と、それはまるで成長していく音が聴こえる気がするほどに確かな感覚でした。

あのとき手に入れたたくましさは、いまもこれからも生涯わたしのパワーになっていると確信しています。メキメキ強くなる音、みなさんも耳をすませてぜひ聴いてみてください。

「苦手なことはやらない」はべつにかっこよくない

近ごろ、「得意を伸ばそう」「好きを仕事にしよう」みたいな言葉を頻繁に耳にしますよね。有名YouTuberさんたちを起用した「好きなことで、生きていく」というキャンペーンのコピーが印象に残っている人も多いかと思います。

わたしはこれにはすごく賛成で、まんべんなく人並みにできるよりも、なにか突出して好きなものや得意なものがあるほうがいいと考えています。

ただ、得意を伸ばすということを適切に捉えようとしている人はどれくらいいるのだろう、ということもときどき思います。

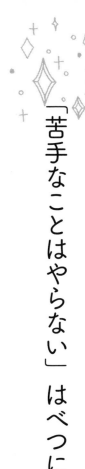

「苦手なことはやらない」

たまにこういうことを言う人がいます。苦手なことはやる必要がない、捨てていいのだと。わたしはこれにはあまり賛成ができません。

得意を伸ばすことと、苦手を捨てることは違います。

わたしの考え方は、「苦手を克服する努力はしたうえで、得意を伸ばすのがいい」です。最初から「苦手だから」という理由でやめてしまうのはただの逃げで、それをかっこよく言うために「苦手なことはやらないので」と言い放つのはあまりイケてないなぁ、と思うのです。

仕事においては、「自分は得意なことに注力して、苦手なことはそれを得意とする人にまかせる」というのはすごく大事なことです。ただ、それも最初から「あ、無理。苦手だからやらない」というのではなくて、はじめにひととおりはやってみてから人にまかせたほうがいいんじゃないかな、と思っています。

苦手だからといって食わず嫌いをしてしまうと、本当はおもしろいと思えたかもしれないものとすれ違ってしまったり、本来なら得ることができたかもしれない気づきや教訓を逃してしまったりします。

逆に、苦手でもある程度のところまでやってみると、「こんな感じなんだ」という感覚を身につけることができます。それをなにかに応用することもできるし、人にまかせるときの基準を作ることもできます（それに、じつはやってみたら意外と得意だった、ということもあります）。

たとえば動画編集をまったくやったことがない状態で誰か動画編集者さんにお願いする場合、どんなに高い金額を提示されても「動画を作るのってすごく大変らしいから、それくらいとられてもしかたないだろう」と思ってしまいますよね。でも、一度でもかじったことがあれば、「かかる時間と手間はだいたいこんな感じだから、これくらいの報酬額が妥当だろう」という感覚をもつことができます。

「受験で使わない科目の授業を捨ててもいいですか?」というご質問を高校生のフォロワーさんからときどきいただくのですが、この質問に対するわたしの答えはNOです。

わたしは、高校は大学受験のためだけに存在しているわけではないと思っています。学校で勉強することは基本的に、わたしたちの人生を豊かにするための内容です。高三の受験直前期ならともかく、早い段階で「受験に必要ないから」という理由である科目を捨てるというのは、わたしにはあまりにもったいなくて考えられない選択肢です。

もちろん、科目をしぼって勉強して志望校に合格するというのは一つの立派な戦略だし、そのほうがもしかしたら合格の可能性は上がるかもしれません。だから完全に否定するつもりはまったくないのですが、でもやっぱり最初から捨ててしまうのはとても惜しいなと思います。

社会人でも、「時間の無駄なので苦手なことはやりません」みたいな言い方をする人がいます。先ほどお話ししたように、「得意に注力して、苦手を人にまかせる」は大切だしかっこいいと思います。でもこれは「得意に注力すること」がかっこいいのであって、「苦手を捨てること」がかっこいいわけではありません。かっこよさだけでいったら、苦手なものにも果敢に挑戦するほうが上なのではないかな……とも感じます。

東大の入試というのは、苦手科目が一つでもあるとかなり不利になる仕組みになっています。文系でも二次試験まで数学があるし、理系でも二次試験まで国語があります。どれかの科目で突出して点数を稼ぐという方法はあまり有効ではなく、基本的にすべての科目でまんべんなく合格点をとれるように勉強するのがセオリーです。

東大の受験システムが素晴らしいんだ！　とは思っていませんが（つらかった……（笑））、でも「苦手科目も足を引っ張らない程度まではがんばってみよう」と思える仕組みになっているのはいいことだったと感じます。苦手なものをごりごりがんばることでしか得られない学びもあると思っているので。

実際、苦手だった数学を東大入試のために克服したことも、就職先で適性のない営業の仕事を修行としてがんばったことも、大の苦手のSNSを情報発信のためにやりつづけていることも、わたしは「苦手だけどがんばってよかった」と思えています。

学校で勉強することや、仕事で「なんでこんなこと自分がやらなきゃいけないの?」と思うことも、回りまわってどこかでちゃんと役に立ちます。わたしはそれを日々実感してきました。みなさんも食わず嫌いをせず、味見程度でもぜひいろいろなことにチャレンジしてみてほしいなと思います。

浪人中に一度だけ、すべてをあきらめかけた話

ここまでお話ししたように、わたしは高三時代は模試の判定も悪く、入試でも大差で落ちてしまいましたが、浪人の一年間は成績も比較的安定していて、「今年は受かるはずだ」という思いをもって勉強することができていました。

ですが、そんな一年間で唯一、「だめなのかも」と思ったときがあります。それは、センター試験（現・共通テスト）の二日目。数学と理科の試験日だったのですが、数学②（数学は①と②に分かれており、それぞれ六十分ずつの試験でした）で撃沈し、理科（生物を選択していました）もぼろぼろの手応えだったんです。なんというか、全部「こんなはずじゃ

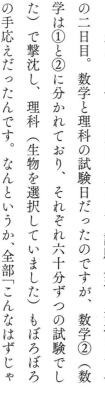

なかった」って感じだった。それは切実で、絶望的な感覚でした。

二日目の試験から帰宅し、自己採点をする前に書いていた日記から、一節を引用します。


生物でもう一歩の知識だったのが露呈して、おわったとき悲しかった。生物はちゃんと勉強したし、決してサボってたつもりはないのに。

数学②のころからおなかがおかしくなり、ガスがたまって動いているような感じに。おなか痛くはないし、トイレに行きたくもないけど、すごい変な音が出た。

試験官がまちがって一分前に開始の合図をしてしまいすぐ撤回。緊張状態がゆるんでしまったこと、おなかが気持ち悪くて冷静な状態が飛んでしまった。

いちばん得意な第二問が解けず、あわててほかの問題に移った。結局全部埋められる大問が少なくて、あっちに飛んだりこっちに飛んだりしながら数列以外なんとか埋めた。

体調のことで失敗するのだけはほんとにいやで、おわったときは無念のひとこと。泣いちゃいそうだった。なんだか、みんなでつぶしにかかられてる気がして、それならそんなものに負けてたまるかと思った。そんなものでつぶせるほど、わたしの一年は軽くないんだから。

試験会場から駅に向かう帰りのバスが本当につらかったのを、いまでも昨日のことのように思い出します。男子高校生のグループがすごく大きな声で話していて、頭ががんがんして。ずっと、「わたしじゃだめなの？」という問いが頭のなかをぐるぐる回っていました。

〝がんばっても、東大、わたしじゃだめなの？〟

帰宅したあとお風呂に入ってから、自己採点をしました。採点前は本当に怖くて。そして実際、わたしの点数は目標としていた得点には遠く及びませんでした。

でも採点を終えたあとで、この年のセンター試験が結構難化していたことが判明したんです。つまり、わたしの点数は決してよくなかったけれど、ほかの受験生たちもそれほどよくはなかったということ。「みんなに大きく引き離された絶望的な状況」ではないことがわかったのです。

その事実がわかってから、わたしはかなり落ち着きを取り戻すことができました。そして翌日、日記ブログに〈覚悟を決めた日〉というタイトルで決意を書き綴りました。

少し長くなりますが引用します。

センターのこと、吹っ切れました。

（中略）

だから、これくらいがわたしにはちょうどよかったんだと思う。
それは自分を正当化するとか、うまくいったと言い聞かせるとかではなくて、
たぶんわたし、九割とか取ってたら安心して二次の勉強ペース落ちたと思うし、
逆に足切りを心配するような点を取ってたらあきらめて嫌気が差してたと思います。

（中略）

でね。思い出したんです。
わたしが宅浪するって決めた日のこと。
東大落ちて、ほかの大学は行く気がなかったから（願書を）出してもいなくて、
浪人は決定だけど予備校行くか宅浪するかってなって
まあ受験前からぼんやりとは、選ぶなら宅浪かなって思ってたんだけど
さすがにいろんな方やインターネットの情報などで
宅浪は厳しい、厳しい、と聞かされて揺らいでました。
でも三月、某予備校が勧誘の電話を繰り返し繰り返しかけてきて、（一回ならいいんですけど）

ただでさえ不合格で落ち込んでるのによけいつらくて。
で、言ったんです。
自分でなんとかするからもう連絡しないでください。
って。
あのとき、自分の退路はすべて断ったと思いました。
おおげさかもしれないけど。
でも、その瞬間、わたしはどの予備校の塾生にもなってたまるかと決めたんです。

（中略）

それから一つだけ、今回のセンターでよかったなと満足していること。
わたしは間違えたところや知らなかった知識をバイブルサイズのファイルにまとめて、
それを模試や入試の前に見返すというのを去年からやっているんですが
去年はね、センター当日、そこにまとめてあったことがちょうど出たときに
解けなかったんです。繰り返しがたりなくて。
そのとき、ものすごく後悔しました。
ここに、いまこの椅子の下に、わたしは答えを持っているのに見られない。覚えてない。
それがすごいばかばかしくて。

もちろん、たとえそれが合ってたとしても、現役合格してたわけじゃない。

でも究極的には、そういうことだと思うんです。

「やっただけ」「覚えたつもり」の蓄積が、不合格を呼んだ。

当たり前のことだけど、現役のわたしは徹底できなかった。

今年はそれだけはないようにしようと思って、直前期はこのファイルを繰り返しやりました。（赤シートで隠せるようにしてあります）

それでね、ここにまとめたことが出ました。いくつも！

で、少なくともその問題はほぼ全部正解できました。

これは成長かなと。そして、二次にもつながる心がけかなと。

だから、もう弱音とか吐かないで、とにかく二次に突き進みます。

見ててください。わたしは勝ちます。


どんなに準備を重ねても、どんなに正しい対策をしたとしても、試験当日はなにが起こるかわかりません。普段得点源にしている科目で大こけしてしまったり、いつもだったら絶対にしないようなミスをしてしまったりといったことがざらに起きます。

でも、最後まであきらめなければなんとかなる可能性があります。わたしはセンター試験の日、「自分だけができなかったわけではない」という事実を知り、二次試験に向けて切り替えられたことが本当によかった。手応えが最悪だった科目でも、自己採点をしてみたら結構よかった、というものもたくさんありました。だからみなさんも、自分の手応えだけで判断せず、最後の試験が終わるまでポジティブな気持ちで走り抜いてほしいなと思います。

最後に、わたしが浪人時代の年末に書いていた日記の一節を引用します。

すごくスランプなんだけど、そんなものに屈するわたしじゃないはず！
目の前にあるのは、あとは上がっていくだけの上り坂。

いまが上手くいっていないなら、あとは目の前の坂を一歩ずつ踏みしめていくだけ。それは転げ落ちていく下り坂ではなく、ここから上がっていくだけの上り坂です。

04 人生の選択のこと

無知と思い込みで決めた東大受験

よくフォロワーさんや周りの方から、「どうして東大を目指すことにしたんですか？」とご質問をいただきます。

東大に毎年数十名以上の合格者を出すような名門校の出身ならともかく、わたしは地方の公立校かつ非大卒家庭の出身だったので、自然と東大を目指すようになるような環境ではありませんでした。しかも成績もべつによくなかったくせに、なんでだよ……という感じですよね。

いくつかの理由はあるんです。でも、最初のきっかけはひとことで表せます。

それは「無知」。

前述のとおりわたしは地方の高校生だったこと、両親とも大学受験をほぼ経験していなかったこと、家族や親戚内でもほとんど初めての大学受験生だったことなどから、まず大学というものがよくわかりませんでした（あと、普通に情報にすごく疎《うと》かったというのもあります……）。

高校は一応進学校だったので、一年生のときから志望大学の調査が行われます。たしか第三志望まで書かなければいけなかったのですが、大学がよくわからなかったわたしは、とりあえず知っているなかで難しそうな大学から順に書いて提出しました。

第一志望：東京大学
第二志望：京都大学
第三志望：早稲田大学（もしかしたら一橋と書いたかも）

いま思うとふざけた話です。

これを書いてしまったあとに、わたしの困った性格の一つが発動されました。それは「思い込みが強い」ということ。

つまり、紙にそう書いて出してしまったら、なんかわたし東大に行くんだな〜と思ってしまったんです。怖いですね……（笑）

「瓢箪《ひょうたん》から駒《こま》」じゃないですが、どうやら自分は東大に行くらしいからそういう勉強をしなきゃな、と思いはじめたのです。

きっかけはこんなふうにいいかげんなものでしたが、その後いくつかの大学を検討し、最終的には高二の終わりに志望校を東京大学の文科三類に決めました。

東大を選んだ理由は大きく四つあります。

最も優れた環境で勉強をしたかったから

一つめは、やはり日本の最難関といわれる東大は学ぶ環境が日本一整っているのではないかと思ったこと。

どうせ四年間どこかの大学に行くなら（実際はワーキングホリデーのために休学をしたので五年間在籍しましたが）、いちばん優れた環境で学びたい、と思ったのが動機の一つです。

将来東京で仕事をしたかったから

東大と最後まで迷った大学が京大です（なお、当時の実力は度外視です……（笑））。高二の夏にはキャンパスも見に行き、おしゃれで自由な雰囲気にわくわくしました。高校の先生にも「京大のほうが向いていそう」と言われていました。

ですが、（「地方出身者あるある」かもしれませんが）わたしは小学生のころからとにかく「東京で暮らしたい」という気持ちが強く、将来的には東京で働きたいと考えていました。就職のことを考えると、大学進学の時点で東京に越すのがいいように思いました。

国立大学に行きたかったから

わたしはかねてより早稲田大学にも憧れていました。というのも、小学校時代から大好きだった作家さんや、好きな芸能人の方などがたくさん出ているのが早稲田大学だったからです（ミーハーな理由！）。

ですが、わたしの家庭はそれほど経済的余裕のある家ではなかったので、私立であるということはちょっとネックになりました。両親は私立に行くなとは言わなかったのですが、できれば国公立のほうがいいだろうなとはなんとなく感じていました（実際あとから計算したら、私立に進学させることは厳しかったようです）。

いちばん無理そうな道を目指したかったから

最終的に東大に決めた理由はこれです。わたしは昔から、複数の選択肢があるときはいちばんしんどそうなものを選ぶようにしていました。

当時のわたしの成績は、まだ東大志望者を名乗るのも恥ずかしいくらいのレベル。だからこそ、「無理そうだな。だからやってみたい」と思ったのです。

この背景には、わたしが育ったのが地方だったということもあります。なるべくレベルの高い環境で勉強したいと思い、中学校は国立大学の附属中を、高校は地元ではトップ校といわれる県立高校を受験して入学することができましたが、やはり地方の学校のレベルは都市部には及びません。「自分のできる最大限を尽くさなくても入れてしまった」とい

うような不完全燃焼感が残っていました。

一度でいいから、自分の実力では脳に汗をかいてでもがんばらないと絶対に入れないようなところを目指したい。そう思って、大学受験ではいちばん難しそうなところを選ぶことに決めました。

そんなこんなで志望し、一年の浪人生活を経て入学した東京大学。もちろんほかの大学に通った経験がないので比較はできませんが、わたしは東大で過ごすことができてとてもよかったと思っています。

まず、自分には自力で夢を叶える力があるんだと思えるようになりました。東大という、かつての自分には手が届くはずもなかった場所で学ぶ権利を、泥くさい努力をして最終的につかみ取った。東大というより、「自分のもとの実力より上の第一志望の大学」に合格できたことに、ポジティブな効果があったと思います。

そして東大で出会った人たちは、本当に素敵な方ばかりでした。東大生に対して「真面目でガリ勉」「変人」「人を見下している」みたいなイメージをもっている方もいるかもしれませんが、全然そんなことはありません。わたしが大学に入って最初に驚いたのは、「みんな普通のいい人たちだな……」ということでした。五年間在学して、もちろん相性のよくない相手はいましたが（それはお互いさまですし）、「この人意地悪だな」とか「あの人わざと嫌なことをしてくるな」などと思ったことは一度もありません。

大学時代に出会った友人たちとは、いまでもいろいろな場で交流があります。みんな様々な業界で活躍していて、きっとこれから数年経ったら、またさらに成長したメンバーでなにかおもしろいことができるんだろうなと楽しみにしています。

最後に、これはかなり個人的な事情ですが、両親のことがあります。両親はどちらも経済的な事情で大学進学を果たせなかった人たちなのですが、わたしが東大という目標を達成できたことで、「自分たちの無念が晴れたような気がする」と言ってくれました。わたしが東大に行けたのはどう考えても、学費を出してくれ、一年の浪人と東京での一人暮らしを許してくれた両親のおかげです。そんな二人がそのように言ってくれて、それだけでも合格できてよかったと思えました。

実力の足りないわたしが東大を目指したのは、身の程知らずでした。でも、身の程知らずでよかった、と思っています。

「いまの自分の実力でも行けそうな学校」なんて、選ぶ必要ありません。いまの自分が行けそうな学校など、大人になって思い立ってからでもいくらでも入れます。

そんなことより、一回難しそうな目標を目指してみようよ、とわたしは思います。それがだめで、結果的に「行けそうな」学校に落ち着いたとしても、それはそれでいいじゃない、と。だって、難しいことに挑戦した経験はあなたを裏切りません。

自分で勝手に限界を決めず、身の程知らずになって高望みしてみてください。

わたしの座右の銘や好きな言葉たち

みなさんには「座右の銘」はありますか？

わたしはよくフォロワーさんから座右の銘を訊かれるのですが、確固たる一つのものがあるわけではありませんでした。ですが、いろいろ振り返っているうちに、「あ、わたしはこの言葉や考え方が好きなんだな」と感じるものをいくつか見つけました。

そこでここでは、わたしの座右の銘らしきものや好きな言葉たちについて、少しご紹介させていただこうと思います。

「迷ったら必ず難しいほうを選ぶ」

言葉というか考え方的なことですが、わたしは中高生時代からいままで、いつもこのことを意識してきました。

悲しいもので、人間は楽なほうには簡単に流れます。日常生活においてはわたしも本当に本当に怠惰で、朝は何度寝もしてしまうし、ダイエットには何十回も失敗してるし、自炊をサボってすぐUber Eatsに頼ってしまうし、どうしようもありません（書いてて悲しくなってきた）。

でも、大きな選択をしなければならないときだけは、困難なほう、しんどそうなほうを選ぶようにしてきました。受験や、大学入学後の学部選択（東大は大学二年生になってから学部を選ぶことになります）、カナダでのワーキングホリデーへの挑戦、就職、独立……などなど。甘えようと思えばいくらでもできたはずで、たとえば中学受験なんかもちろんする必要はなかったし、大学も現役で行けるところはいくらでもあったと思います。コロナ禍の最中に、毎月変わらず一定のお給料をいただける会社をわざわざ退職して独立する必要もなかった。

母には毎回「またいばらの道を選んで〜!!」とあきれられますが（笑）、そしてわたしも「またやっちまった……」と思いますが、でもこのモットーはずっと守ってきて本当によかったと思います。やっぱりチャレンジしてみないと得られないものってたくさんあるんだなぁと日々感じます。

まだまだもっと困難な道はたくさんあるはずなので、これからもわたしは積極的に開拓をしていきたいと思っています。

「やれることは全部やる、やれないことも全部やる！」

これは浪人時代に壁に貼っていたスローガンです。特に元ネタはなく、「ほんとにすべての手を尽くさないと受からないぞ……」という危機感から書いた言葉でした。

わたしは現役受験生のとき、やるべき勉強をこなしきれなくて東大に落ちてしまったので、「とりあえずこの一年でやれることは全部やろう。それでもだめだったらしかたない！」と思ったんです。やれることを全部やって落ちてしまったら、もうそれは納得できるだろうけれど、やりきらずに落ちてしまったら一生悔やむだろうなぁって。

「やれないことも全部やる」はいいかどうかわかりませんが、この気持ちはいまも心のどこかにずっと持っています。

「自ら反みて縮くんば、千万人と雖も吾往かん」

漢文の勉強をしていた大学受験生時代に好きになった言葉です。「みずからかえりみてなおくんば、せんまんにんといえどもわれゆかん」と読みます。

これは孟子の言葉で、「自分のことをかえりみて、自分は良心に恥じることは何もしていないぞ、自分の行動や考えは間違っていないぞと思ったら、敵がたとえ千万人いたとしても恐れず向かっていくぞ！」という意味です（少し意訳ですが）。

ときどき自分に自信がもてなくなるときもありますが、ふと考えてみて「いや、でもわたし間違ったことはしてないよな。人に迷惑もかけてないよな」と思い直すと、自分に再びGOサインを出すことができます。

思うように勉強に取り組めずに自己嫌悪に陥ってしまう人もいると思いますが、そんなときにも思い出してほしい言葉かもしれません。「勉強ができずに自己嫌悪に陥ってしまうときの考え方」でもお話ししましたが、勉強をできていなくても、あなたは何か悪いことをしたり、間違ったことをしたりしているわけではありません。だから自分なりのペースでがんばればOKなのです。一緒にちょこっとずつ進んでいきましょう。

「やってしまったことの後悔は日々小さくなるが、やらなかったことの後悔は日々大きくなる」

これは独立するかどうかを迷っていたとき、最後に背中を押してくれた言葉です。作家の林真理子さんがモットーとされているもので、林さんの著書『野心のすすめ』（講談社現代新書）のなかにも書かれています。

安定的に生活できるか、なにも保証のないなかで会社を辞めるというリスクをとること。とても迷いましたが、「いま独立しなかったら、きっと一生わたしは『あのとき自分は独立したかったのにしなかったんだ』という後悔を抱えて生きていくんだろう」と思うと、じゃあいま思い切ってやってしまうしかない！　という気持ちになりました。

そして、もし独立して失敗してしまったとしても、多少の反省や後悔はあるだろうけれど、たしかにそれは日に日に小さくなってくれるだろうなと思いました。きっと思い切ってチャレンジすれば、失敗しても周りは好意的に笑ってくれ、わたし自身もそんな自分を笑ってあげられるだろうな、と思ったのです。

林真理子さんのこの本は、人生の節目節目で何度も読み返して勇気をいただいている一冊です。一生のうちに林さんと直接お話できる機会があったらなぁ……と思います。

「今日のびっくりを明日の当たり前にする」

これは、いまのお仕事をするようになってからわたしの心に浮かぶようになった言葉です。わたしが作った言葉ですが、「たぶんここからインスピレーションを受けたんだろうな」というものはあって、それが大日本印刷（DNP）さんのキャッチフレーズ「未来のあたりまえをつくる。」というものです。

DNPさんでは就活生時代にサマーインターンをさせていただいたのですが、本当にインフラとなるような様々な事業を展開していて、このフレーズがぴったりの企業だなぁと思ったことからとても印象に残っていました。

わたしの「今日のびっくりを明日の当たり前にする」という言葉は、日々勉強法デザイナーのお仕事をするなかでの感覚・目標を表しています。たとえば、新卒一年目の終わりにほんの思いつきでYouTubeを始め、その一カ月後くらいに急に毎日数百人ずつチャンネル登録者さんが増えたとき、わたしはとてもびっくりしました。でも、いまは一日に数百人増えるのは珍しいことではなく、毎日びっくり仰天しているわけではありません（もちろん感謝の気持ちは変わりません）。

びっくりするほどすごいことがあっても、それを徐々に当たり前・アベレージにしていくということが、成長しつづけていくためには必要なことだと思います。「明日の」というと少しおおげさですが、なるべく速いサイクルで様々なびっくりを未来の当たり前にしていくことがわたしの目標です。

自分が信じられない夢なんて、誰も信じてはくれない

これを読んでいる人のなかには、大事な試験を前に、「この実力で果たして受かるのだろうか」「今年は無理かもしれない」と思っている人もいるのではないでしょうか。

一瞬だけ話が変わりますが、最近わたしは、どうしていつも自分はダイエットや運動、プログラミングの勉強や家計簿など、どれも三日坊主で終わってしまうんだろう、と考えていました。

もともと飽きっぽくて意志が弱いのは確かですが、じゃあ逆になぜ、浪人の一年間だけは毎日自分で勉強をがんばって大学に合格できたのか、と。

あの一年間がんばれた理由。それは、わたしが勉強が大好きだったからです。

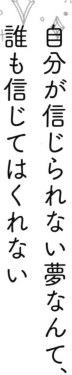

……なんて、言うわけありません。

ここまで何度かお伝えしたように、残念ながらわたしは勉強が好きではありません。しなくていいならそれに越したことはありません（誤解のないようにお伝えしておくと、なにかを「学ぶ」こと自体は好きです。知らなかったことを知る、できなかったことができるようになることは、本当に素晴らしい喜びだと感じます）。

じゃあなぜ一年間がんばれたかというと、それは「東大に入ると信じ込んでいたから」です。

入れるとか入れないとかじゃなくて、入るものだと思い込んでいたんです。それは簡単なことじゃないとわかっていたけれど、でもわたしは自分の目標を自分で信じていた。

大学時代にワーキングホリデーに行ったときも同じです。わたしは貯金や家計管理が苦手な人間ですが、ワーホリの準備のためには数十万円を自力で用意することができました。それは、自分が自らの手で海外に渡るのだと信じていたからです。

逆にいうと、高三のときのわたしにはこれが足りませんでした。

東大に受かりたい、と思いながら、その実現を自分自身が信じてあげていませんでした。模試の判定もDやEばかりだったし、どうしても思い込むことができなくて。なかには直前までD判定やE判定でも、そこから合格していく人もいるわけで、そういう人たちは本当に信じ込む力ややりきる力がすごいんだろうなぁと思います。


みなさんには、叶えたい夢や、夢とまでいわなくても、行きたい学校やなんらかの目標があると思います。

その夢や目標の実現を、自分自身は信じてあげているでしょうか？


あなた自身が信じていない夢を、周りの誰も、信じることはできません。

高三時代のわたしのように、たぶん無理なんじゃないかと心のどこかで思いながら「東大に行きます」と言っても、周りの人は半信半疑の気持ち、もしくは不安な気持ちになるかもしれ

ません。親なんて心配で見てられないよ、そんな子（笑）。わたしは一度目の大学受験では親にほんとに心配かけたと思う。

だから、難しいかもしれないけど、いったん思い込んでください。この夢を叶える！って。

自分の夢を自分で信じてあげてください。そうしないと夢がかわいそう。信じるものは救われるっていうし。みなさんが信じた夢、わたしも応援しています。

自分の人生の責任は自分にある

「自責思考《じせき》」と「他責思考《たせき》」という言葉があります。

文字どおり、自責思考は自分に原因や責任があるとする考え方、他責思考は他人や周りの環境に原因や責任があるとする考え方です。

人生には、選択を迫られる機会がたくさんあります。今日着ていく服や夕ごはんの献立《こんだて》のような小さなことならともかく、進学や就職といった大きな選択にあたっては本当に迷ってしまいますよね。

わたしがこれまでしてきた大きな選択を挙げると、中学受験、高校受験、大学受験、自宅浪人、学部進学、留学・休学、就職、退職・独立、などがあります。

わたしのこれらの選択には共通点があります。それは、「全部自分で決めた」ということ。

もちろん様々な情報を調べたり、人に相談したりしたことはありましたが、最終的には誰かに押しつけられたり強く押されたりしてではなく、自分自身で決断を下してきました。

自分で決断することができるとなにがいいのか。それは、「他人のせいにしなくて済む」ということです。

ほかのところでも触れましたが、わたしの両親は二人とも経済的な事情で大学進学が叶わなかった人たちでした。だからこそ、「子どもには自分たちと同じ思いをしてほしくない。好きな道を選ばせてあげたい」と、わたしや弟が幼いころから幾度となく口にしていました。

当然家計的な限界はあったものの、その言葉どおり、両親はいつでも好きな道を選ばせてくれました。塾や習い事を始めること・やめること、受験をすること、受験する学校、浪人すること、休学すること、すべてわたしが「こうしたい」と表明し、両親が「応援するよ」と承認してくれたことです。

両親は家庭の事情や周りの環境のために自分の行きたい道を閉ざされてしまった人たちだけど、わたしは自分で好きな道を選ばせてもらっていて、それはとんでもなく幸運なこ

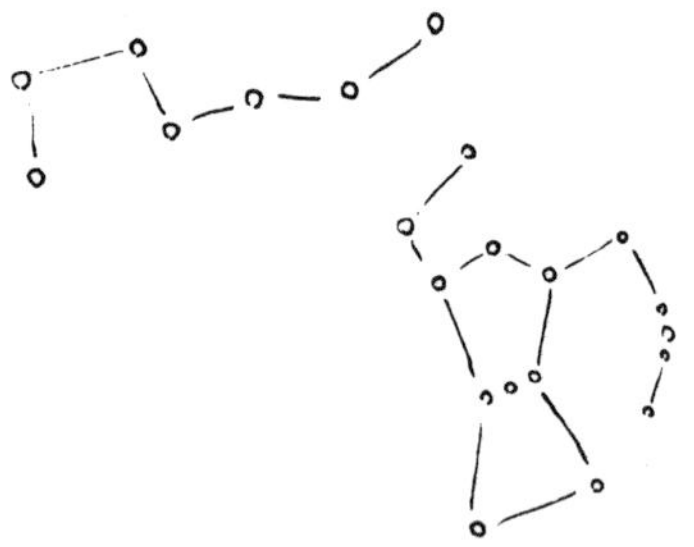

となんだ。子どものころからその感覚がとても強かったので、「自分で選んだ道なのだからどうなってもしかたない。わたしはひとつも言い訳ができない」と思っていました。

他人や環境を恨んだり妬んだりするのは、心がどろどろとするとてもしんどいことです。わたしは上手くいかないときでも「まあ自分が選んだもんな」と納得できていたことが、精神衛生上とてもよかったなと感じています。


もしこれを読んでいる方のなかでお子さんをお持ちの方がいたら、できる限りお子さんご本人に最終選択をさせてあげてください。もちろん家庭の方針や経済的事情などで、どうしても叶えてあげられないことは出てくるかもしれません。そんなときは、本当はいちばん進みたい道を選ばせてあげたいのだけど、こういう理由で難しいのだ、ということを丁寧に伝えてあげてほしいなと思います。

そしてこれを読んでいる学生のみなさんは、(家庭の事情が許す範囲ではありますが)自分の力で決断を下してください。誰かに選んでもらったり、なにも考えずに誰かの意見を受け入れたり、誰かに流されたりして自分の大切な人生を決めないでください。そうして選んだ道は、あとで「違ったかも」と思ったときに、代わりに決めた誰かのせいにしたくなってしまいます。

「正解の道を選ぶことはできなくても、選んだ道を正解にすることはできる」という言葉があります。自分で選ぶ。そして、選んだあとにたとえ苦しい時期があったとしても、選んだ道を自分で正解にしていく。もちろん、そこから道を変えることだって前向きな決断の一つです。

そうして、自分の人生に自ら責任を負える、かっこいい大人になってください。

わたしのワーキングホリデー挑戦記

わたしは大学三年から四年に上がるタイミングで一年間休学をし、カナダでのワーキングホリデーに挑戦した経験があります。

ワーキングホリデー、通称ワーホリは、日本が協定を結んでいる国・地域で、働いたり勉強をしたり旅行をしたりすることができる制度です。十八歳から三十歳までの青年が対象で、選ぶ国によりますがおおむね一年〜二年ほど滞在することができます。わたしが選んだカナダでは一年間の滞在が可能でした。

仕事をしても勉強をしても旅行をしてもいい（べつになにもしなくてもいい）という自由な制度ですが、わたしの場合はカナダに着いて最初の一カ月半だけ語学学校に通い、そこから約半年、貧乏暇なしで働いていました（語学学校にいる間もオンライン家庭教師やWebライティングのアルバイトをしていました）。最後の数日に両親を日本から呼び寄せて、ちょっとしたカナダ旅行をしてから、その足で両親とともに帰国しました。

日本ではワーキングホリデーというと、どうも「ワーキング」よりも「ホリデー」の印象が強いらしく、ワーホリを経験したことを話すと「楽しんでるね〜」というリアクションをされることがよくあります。もちろん楽しんだは楽しんだのですが、わたしの場合は「海外生活をエンジョイしたい！ 社会に出る前のモラトリアム期間を延長したい！」などと思っていたわけではなく、もっとなんというか、急《せ》き立てられるような切実な感覚でカナダに飛んだのでした。

この感覚を説明するのはとても難しいのですが、ここでは少しがんばって言語化してみたいと思います。

わたしは子どものころから、大学生になったら海外留学をしたいと思っていました。当時英語もできなかったくせになぜそこまで強く希望していたのかは定かではないのですが、単なる海外への憧れと、小学五年生のときにカナダでの約一週間のホームステイプログラムにたまたま参加したことが背景にあるように思います。

はじめは東大の交換留学制度を利用して、提携の海外大学に学部留学をしようと考えていました。ですが、複雑な手続きの書類をやっとこさ揃えて提出しに行ったところ（わたしは手続きや書類といったものが大の苦手なのです……書いてて鳥肌立ってきたくらい……うえ～（汗））、衝撃の事実が判明したのです。

書類の提出締切日を一日過ぎていた……！

詳しい経緯は割愛しますが、わたしが認識していた締切日と実際の締切日に一日ずれがあり、常にぎりぎりを攻めて生きていた（いまもですが）だらしないわたしは、この一日のギャップによりその年の留学をあきらめなければならない状況になってしまいました（いま書いていてもお恥ずかしい！（笑））。

ですが、そこで立ち止まってふと、わたしは考えました。

「わたしって本当に『留学』がしたいのかな？」

このタイミングでの交換留学を見送ったとしても、半年後か一年後に手続きをすることもできたし、民間の団体が運営する奨学金制度などを活用して私費留学をすることも選択肢にはありました。でもそこでわたしが出した結論は、次のようなものでした。

わたしが海外でしたいのは、学問を修めることではない。また、単なる旅行でもない。わたしがしたいのは、海外で生活体験を積むこと、そして、様々な人に出会って視野を広げること。多様な文化を、頭でっかちな知識ではなくて肌で感じて知ること。

そう考えながら留学エージェントめぐりを始めたとき、あるエージェントさんが紹介してくれたのがワーホリの制度でした。ワーホリは現地で仕事をすることができるため、ほかの留学形態に比べて費用を安価に済ませることができます。海外で働く経験をしてみたかったこと、これ以上親の経済的負担を大きくしたくなかったことから、当時のわたしにとってはドンピシャの留学方法でした。

大学を休学しなければならないことは当初かなりネックに感じましたが、「もっといろいろな勉強をしたい」「在学中に起業したい」などポジティブな理由で休学している周りの先輩たちから刺激をいただくにつれ、その気持ちは解消されました。そして渡航資金を貯めるための、空前のアルバイト三昧が始まりました。

いちばん多いときは五つのアルバイトを掛け持ちし、大学の授業のない時間に働きまくっていました。厄介だったのは父の勤め先の扶養関係の制度で、ざっくりいうと「一年の間でひと月でもこの金額を超えた収入があれば、ほかの月の収入がゼロ円でも扶養から外されてしまう」という決まりでした。以前、母が詳しいことを知らずにパート先の勤務時間を増やしてしまった結果、扶養から外れ、それまでの数カ月ぶんの扶養手当や健康保険料などをたくさん持っていかれてしまったみたいな事件があり、常日ごろから「とにかく気をつけて!!」と言い聞かされていたんです。

わたしは複数のアルバイト先があったため、毎月の合計額がいくらか、それぞれ給与所得扱いになっているのか、そして源泉徴収がされているかどうかなど、あらゆることを加味して計算しなければならず、大学の授業中、授業に集中したいのに、気づけばずっとお金の計算をしている自分がいました。渡航までに必要なお金、いま貯まっているお金、足りていないお金、扶養から外れないために今月稼いでもいい残りのお金……法学部の授業を受けているのに、ノートが数字でいっぱいになっていることもありました。

貯金優先で日々の生活費は削っていたので、家の最寄駅に着

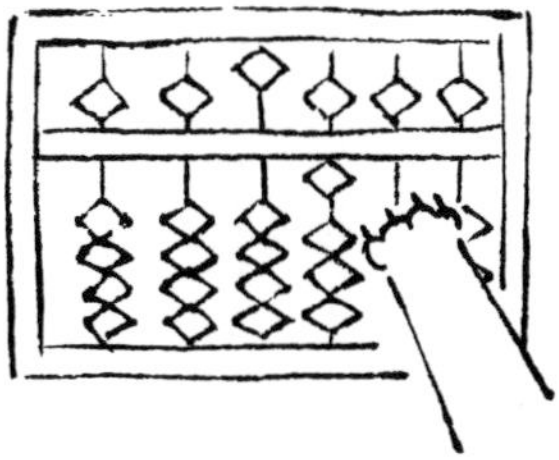

いてスーパーに寄ろうとすると、お財布の中に百円しかないこともありました。スーパーで値札のついていなかった商品の値段を店員さんに訊いたら「五百円です」と言われ、買うのをあきらめて帰ったこともありました。

本当に困ったら親に多少のお金を貸してもらうこともできたであろう当時のわたしの状況は、もちろんまったく甘っちょろいものです。だけどそんな生ぬるい環境でも、お金がないというのは、お金の計算をずっとしていなければならないというのは、こんなにもしんどいことなんだと痛感しました。

そんなに嫌な思いをするくらいなら、ワーホリや留学なんかやめたらいいじゃない、という話だと思います。

じつはわたしは、ワーホリや留学に「行きたい」と思っていたかというと、そうではありませんでした。いや、行きたかったのですが、それは「楽しそうだから行きたい」というようなわくわくする感覚ではまったくなく、「しんどそうだけど、行かなければいけない気がする」というような使命感に近い妙な感覚だったのです。

渡航準備をしている数カ月は、「行きたくないけど行きたい」とずっと思っていました。行かなくて済むならどんなに楽だろう。だけど、わたしはたぶんこのタイミングで、このチャレンジをしないといけない気がする。

わたしにはときどき、こういう衝動的というか確信めいた直感のようなものが働くことがあります。「わたしの座右の銘や好きな言葉たち」でお話ししたように、「迷ったら必ず難しいほうを選ぶ」という意識が根づいているからなのかもしれません。

そういうわけで、いや〜な感覚になりながらも、なにかに追い立てられるようにしてカナダに飛び立ちました。現地でも例によって難しい仕事に挑戦したり、そのせいでしんどい思いをしたりしましたが、いま振り返ってもあのときしかできなかっただろうと思える素晴らしい経験をたくさんさせていただきました。

みなさんもなにかの拍子に、謎の衝動や使命感に突き動かされたり、「やりたくないけどやらなければいけないのではないか」と直感したりすることがあるかもしれません。楽なほうに流れるのは簡単です。でも、たとえしばらくの間きつい思いをしたとしても、その衝動や直感にしたがってチャレンジしたことはきっと豊かな人生経験になってくれます。

……って、もともと書類の締切を過ぎちゃっただけのわたしが言うのもなんですが。

05 受験のこと

自分が欲しい環境は、「受験」で手に入れる

わたしは高校受験や大学受験だけでなく、中学受験も経験しています。

「中学受験をした」と言うと、私立の中高一貫校に通っていたのだと勘違いされてしまうことがよくあります。ですが、わたしが通っていたのは中学の三年間しかない国立の学校で、中高一貫のような「高校受験をスキップできる」というメリットもありませんでした。

では、三年後にまた受験をしなければいけないという意味では公立中学と変わらないにもかかわらず、なぜわたしは中学受験をしたのか。

理由はとってもシンプルです。それは、「とにかく地元の中学に行きたくなかった」から。

小学校中学年くらいのころから違和感はあったのですが、高学年になるとそれが「ここはわたしの居場所じゃない」という確信に変わっていきました。同級生とすること、話す

こと、すべてが楽しめず、「話や価値観が合わない」と常に感じていました。

単純にわたしが嫌な感じのマセガキだったというのが大きいと思うのですが（笑）、特にしんどかったのは、周りの子たちに「わたしたちとは違う」と言われたり示されたりすることでした。

学校の成績はいつもよかったし、児童会役員や学級委員にも推薦されることが多かったし、先生にも頼られていたように思います。それらはべつにたいしたことではなかったはずだけれど、同級生の子たちに「みおりんちゃんは自分たちとは違う」と思わせるには充分でした。

「尊敬する人」についての作文でわたしのことを書いたクラスメイトがいたり、わたしが書いた作文に感動したと言ってそれをくり返し音読していた子がいたり、なんだかふしぎな感じでした。

子どものころ、わたしは「天才だね」と言われるのが苦手でした（いまはむしろ言われたいけど……（笑））。それはイコール「みおりんちゃんは天才だからわたしたちとは違う」と言われているような気がしたからです。勉強について発信する活動を始めてから、ときどき「周りに天才と言われるのがつらいです」という小学生の子のお悩み相談をいただくことがあって、やっぱり「小学校あるある」なんだなぁと思いました。

中学受験に限らず、受験という言葉はあまりよくないイメージで語られることも多いですよね。「お受験」とか「受験戦争」とか。

たしかに、受験にあたっては労力やお金がかかるし、受験のために心や身体の調子を崩してしまう人もいます。わたしも、べつにしなくていいなら受験や勉強などしたくありません。でも、受験には一つの大きなメリットがあると思うから、わたしは中学も高校も大学も試験に挑戦しました。

それは、受験をすると「環境の仕切り直し」ができるということです。

地元の公立小学校や中学校というのはその地域に住んでいる子たち全員が入学対象になるので、当然幅広いレベルの学力や運動能力、様々な家庭環境や指向性をもつ子どもたちが集まります。

多様な子たちと一緒に学べること自体は素晴らしいことだと思っています。ただ、失礼な言い方になってしまって本当に申し訳ないのですが、小学校のころ、わたしはそれでどうしても同級生の子たちとのギャップを感じてしまい、地元の中学に一緒に上がって勉強や行事を楽しむのは難しいと思ってしまいました。
対して、入学試験を課す学校を選べば、このギャップやグラデーションが小さくなります。同じ試験をある程度同じくらいの点数でパスした子たちだけが入学するので、学力レベル（＋親の意識の高さや家庭環境なども）の近いメンバーが集まります。

多様性という意味では、入試のない学校のほうがいろいろな人に出会えておもしろいと思います。歳を重ねるにつれて自分と近い環境の人とばかり知り合うようになっていくことに、なんだかなぁと思うときもあります。ただ、学校生活を安心して快適に過ごすという意味では、やはりバックボーンの近いメンバーと過ごせるほうがいいのかな……というのが個人的な感想です。

つまり、受験をすると、自分に合った環境を手に入れることができる可能性が高いということです。それが、面倒でも大変でも、ぜひ受験はしておくといいんじゃないかなとわたしが思っている理由です（もちろん、いくら学力レベルが合っていても価値観が合わないということはあると思うので、無条件にイコールでつなげられるわけではありませんが）。

これは必ずしもいいことではないと思いますが、わたしはこの環境の仕切り直しを、なるべく短いスパンで行いたいと思ってしまうタイプです。「いまの環境はいまの自分のレベルに合っていないな」「ぬるま湯になってきてしまったな」と感じたら、即座に環境を変えたくなります。


仮に中学受験をがんばらなくても、地元の中学に通うことはできました。

仮に高校受験をがんばらなくても、簡単に入れる高校を選ぶことはできました。

仮に大学受験をがんばらなくても、推薦で入れる大学も、スムーズに入れる大学もたくさんありました。

仮にカナダでのワーホリに挑戦しなくても、日本で四年間の快適な大学生活を送ることはできました。

仮に独立しなくても、安定した会社でゆったりと働きつづけることだってできました。


でも、それらを選ばなかったのは、どんどん高いレベルにチャレンジしたかったからです。わたしにとって快適な環境というのは、「いまの自分では太刀打ちできないレベルの環境」のことだからです。

ひとつの場所に落ち着けない自分のことはときどき疎ましく思うし、何年も同じ場所で根を張れる人を見るとうらやましく感じることもあります。でも、しばらくは直りそうにないので、これからもきっと仕事や暮らしをどんどんアップデートしていくのだろうなと思います。

わたしは受験至上主義ではないし、地元の学校で楽しく学べるならそれは素晴らしいことだと思っています。わたし自身、受験自体が好きなわけではありません。ただ、自分が欲しい環境を手に入れるために、受験という仕組みは絶好のチャンスになり得るものです。だから「受験って最悪」なんて思わずに、いまよりさらにいい環境を作るためのチャレンジなんだ、と考えてもらえたらうれしいなと思います。

わたしが予備校浪人ではなく自宅浪人を選んだ理由

大学受験で第一志望に不合格となった場合、併願していた第二志望以下の学校に進学をするか、浪人をして一年後に再チャレンジをするか、進学ではなく就職をするか、といった選択肢が考えられます。

わたしが選んだのは浪人でした。

浪人といえば、王道は予備校浪人。駿台や河合などの定番から小さな個人塾まで、様々な選択肢が考えられたと思います。わたしの地元は田舎でしたが、一応県内に河合や代ゼミなどはありましたし、東進やその他予備校もそれなりに身近な存在でした。

でも、わたしは予備校には入りませんでした。世間では「成功率は限りなく低い」「孤独で病んでしまう人が多い」「最強の自己管理能力をもつ人でないと無理」とまことしやかにいわれる「自宅浪人」、いわゆる「宅浪」という方法を選んだのです。

わたしは自分の学力にもメンタルにも自己管理能力にも、まったく自信はありませんでした。でも、現役生時代の受験直前期のころからぼんやりと、「もしも落ちてしまったら宅浪かなぁ」などと考えていました（受ける前からそんなことを考えてるから落ちるんだよ〜！（怒）（笑））。

そんなわたしが宅浪を選んだ理由を、いくつかお話ししてみたいと思います。

東大に受かるためにすべきことがわかっていたから

最大の理由はこれでした。

わたしは現役で東大に落ちはしたものの、不合格になった時点で、「なにをすれば受かるはずだったのか」ということはわかるようになっていました。もっと早くにわかっていれば現役で合格できたのでしょうが、ちょっと遅かったんですよね……。

来年合格するためにはいまわかっているタスクを一年間で終わらせればいいのだから、わざわざ予備校でカリキュラムを組んでもらわなくても自分でやればいい、と思ったのです。

予備校代がもったいなかったから

金銭的な理由もあります。両親に止められたわけではありませんが、予備校から送られてきた案内を見ると、すごい金額がかかるんだと知ってびっくりしました。経済的に豊かな家庭でもなかったし、そこまでのお金を支払ってわたしは上手に予備校を活用できるかなぁと考えると、あまりイメージが湧きませんでした。

予備校の集団授業が苦手だったから

というのも、集団授業というのがそもそも苦手だったんです。昔から。

わたしはちょっと異常なくらい、「自分のわかっていることを人から教えられること」が苦手です。一方で、自分の苦手なところをみんなに合わせてさらっと流されてしまうのも怖い。そう考えると、わたしの性格上は予備校の授業は効率的ではないように感じました。

予備校からの勧誘がしつこかったから

感情的な理由として、予備校からの電話による勧誘というのもありました。

おそらく模試を受けていたために個人データが渡っていたのだと思うのですが、合格発表後、予備校各社から「受かったのか？　落ちたのか？」「落ちたならうちの予備校に来ましょう！」という電話が相次ぎました。

合否調査のために一度電話をするのはしかたありません。予備校もデータを集める必要があると思います。

でも、落ちたばかりの人に何度も電話をかけ、予備校に入れ入れと言うのはどうなの？とわたしには疑問でした。すごく落ち込んでいたし、落ちた落ちたと周りに言われるのは結構つらいものがあります。

わたしは何度目かの電話で、ついに告げてしまいました。

「自分でなんとかするので、二度と連絡しないでください」

そしてすべての予備校のパンフレットや割引券を古紙回収に出しました。電話が鳴ることは、それきり一度もありませんでした。

前年度の投資を回収しようと思ったから

また、「去年出したお金がもったいない！」という理由もありました。

一つは、当時参加していた東大受験対策の講座に支払っていたお金です。

わたしは高校時代も塾に通ってはいませんでしたが、単発の講座には何度か参加していました。その講座は、模試で東大の合格判定が高い人ほど安い金額で授業を受けられる仕組みになっているものでした。

理屈としてはわかります。なるべく安い金額で受けられるようにというモチベーションも手伝って、生徒がどんどん上を目指すようになるということがあればいいことですし、その塾の合格実績に貢献してくれそうにない生徒ほど、高い金額を支払いなさいというのもビジネスとしてはよくできている。それはわかっています。

でもやっぱり、なかなか成績が伸びなかった側からいうと、負け惜しみであってもあまりうれしいものではなかったんですよね。自分の親が支払ってくれたお金で、成績のいい子たちが東大に行く。なんだか納得できなかったし、この投資は自分が東大に行くことで絶対回収しなければいけないと思っていました。

もう一つは、高校三年間で買ってもらった参考書がたくさんあったこと。わたしはこれを使いきることができていなかったので、また一から予備校のテキストを買って揃えるよりも家の参考書を使えばいいと思いました。

そうはいいつつ、あまりにも無理だなと思ったら、途中から予備校に行く可能性もゼロではないと思っていました。

そんななか、六月の頭にわたしは浪人して初めての模試を受けます。

結果が返ってきたのは約一カ月後。そこでわたしが見たのは、東大をはじめすべての志望大学に対して出されたA判定の文字でした。現役時いつもDやEの判定ばかりとっていたわたしにはとてもうれしく、この勉強法で間違っていないと確信した瞬間でした。

これを機に、わたしは一年間宅浪を貫くことを決意したのです。

受かったからいえることだというのはもちろんあるかもしれませんが、わたしはやはり宅浪を選んでよかったと思っています。

予備校を批判するつもりはまったくないし、予備校のほうが向いている人はそれで問題ありません。ただ、わたしの場合には宅浪が合っていたんだろうな、と感じています。

それに、家族と過ごす時間をたくさんもつことができたのもわたしの宝でした。母と一緒に美術展やカフェに行ったり、パフェを食べに出かけたり、家の裏の川沿いのカルガモの親子を眺めたり、どれもかけがえのない思い出です。あれは現役で大学に行っていても、浪人で予備校に通っていても、どちらにしても得られなかった経験でした。

すべての人に宅浪を勧めるわけではありません。ですが、もともと学力も自己管理能力もなかったわたしでもなんとか成功できたので、宅浪を難しく考えすぎる必要はないし、選択肢として考えるのはありなんだよ、ということをお伝えしたいと思います。

浪人は挫折なんかじゃない

浪人生の方からこんなご質問をいただくことがよくあります。

「突然不安が襲ってきたり、心がつらくなったりしたとき、みおりんさんはどうしていましたか？」

こうした浪人生の多くに共通しているのが、かなり悲観的にかまえているということです。「いま自分はすごくつらい」という認識をもっている人が多い。わたしもそうでした。

これは一つには、世間が植え付けた妙な定説がいけないと思っています。浪人生ですと言えば、「大変だね、つらいね」という目で見られる。でも、ほんとにそうなの？ってわたしは思います。

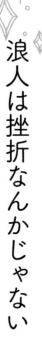

浪人生活は大変です。勉強がほぼ唯一の仕事だから、そこから逃れる手段がなかなかないし。勉強していない時間は常に罪悪感のようなものを抱きつづけるし。自分の嫌なところを見つめ直さなきゃいけなかったりもするし。

でもそれは、「浪人生活＝つらい」なのですか？

わたしは違うと思う。

受験なんて普通みんなつらいの。現役生だってつらいし、浪人生だってつらいし、親御さんだってつらいんです。あなたが浪人したからつらくなったわけじゃないし、あなたがつらくなったのは、あなたのせいじゃない。

めっちゃつらくていいじゃん、とわたしは思っています。だって、いまつらければつらいだけ、そのあとが楽になります。わたしは浪人時代、前半でとてもしんどい思いをしたぶん、後半は「あれだけしんどくてもなんとかなったんだから、なにも怖くない」という気持ちで

過ごすことができました。

つべこべ言わずにいま苦労してください。若いころの苦労は買ってでもしなきゃだめなの。それにこの先、もっと大変なことなんかいっくらでもある。わたしはまだ二十数年しか生きていませんが、それでも浪人していたときより大変なことはいろいろありました。


冒頭のご質問に戻ると、浪人生のときにわたしを支えていたのは、「いまが最悪ではない」という気持ちです。

この先八十年とか、もしかしたらあと百年くらい生きるかもしれないのに、いまが最悪なはずない。こんなんでやられちゃってたら、あんたこの先どう生きるのよ！　と自分に喝を入れていました。

なかには、本当に本当に病んでしまって、いまが最悪と呼べる状態の人もいるかもしれません。そういう人は、一度こう考えてください。いまが最悪なら、もうあとは上がっていくだけだ、と。そうしたら怖くなくなるはずです。


それからもう一つ、いえることがあります。

家庭ごとにいろんな事情はあるにせよ、浪人をさせてもらえている人は幸せな人です。

なかには、家庭の経済状況や親の偏見などで、大学や好きな学校に行くという選択肢をあきらめなければならない人もたくさんいます。わたしの両親もそうでした。

わたしはてっきり、両親はそろそろそのことをあまり振り返ったり悔やんだりしなくなってきているのでは？　と思っていました。もう二人とも六十歳前後ですし、高三の時期なんて四十年くらい昔の話なので。

以前父とお酒を飲んだとき、父に訊きました。

「パパの人生で挫折があったとしたら、それっていつ？」

父はこう答えたんです。大学に進めなかったときだ、と。

大学に行きたかったのに行けなかった、という思いはおそらく一生つきまとうのかもしれません。それを挫折といわずになんというんだろう、と思いました。それに比べて、行きたい大学を受けて、落ちて、もう一年ないし数年勉強させてもらえている浪人が挫折だなんていったら、ほんとにバチが当たってしまいそう。勉強さえしていればいい環境をつくってもらえるなんて、世界中の人たちのうち、いったいどの程度の人が享受できる幸運なのか。

最後に、これはかつてある浪人生の子に贈った言葉でもあるのですが、受験結果によって大切な人と離れてしまった人にお伝えしたいことがあります。

ついこの間まで一緒に学校生活を歩んでいたのに、とか、いまはこんなに隔たってしまった、と苦しい気持ちがあると思います。

でも、本当に大切な人なら、ちゃんとまた会えるから。絶対に大丈夫です。しんどいことをたくさん越えて、前みたいに取り戻すの。そのためにいまは勉強をちゃんとがんばればいいんだから。そんな大事なことのために勉強をがんばれないでどうするの！

……と、なんだか熱くなってしまいましたが（笑）、浪人は挫折なんかじゃないし、浪人で失うものより、得られるもののほうが絶対に多いから。安心してください。悲観的になる必要はありません。絶対に上手くいくはずだし、絶対に上手くいかせてみせましょう。

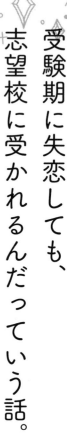

受験期に失恋しても、志望校に受かれるんだっていう話。

わたしは自宅浪人中の七月、丸二年付き合った彼氏と別れるという経験をしました。

わたしたちは高校の同級生で、彼は現役で東大に合格して上京し、わたしは落ちて地元に残っていました。彼からお別れを告げられたのは、遠距離状態となって約三カ月後のことです。

これは当時のわたしにとってはかなりきつい経験だったのですが、それでも、わたしは東大に入ることができました。

受験生のフォロワーさんからときどき、「最近恋人と別れてしまい勉強が手につかなくて……」というご相談をいただくことがあります。

思っていた以上にわたしみたいな人は多いんだなぁと実感するとともに、わたしはここに、「失恋したって受験は成功させられる」ということを宣言したいのです。

そこで今回は、わたしが東大合格直後に書いていたブログの記事をそのまま引用してご紹介します。とても私的な話になってしまいますが、もしも誰かの小さな光になってくれたらうれしく思います。

なお、記事中に彼から東大受験に誘われたように聞こえる表現がありますが、実際にはわたしは彼とは別の理由で東大を志し、それを受けて彼が「一緒にがんばろうね」という旨のことを言った、という経緯です。

高校二年生の夏から、わたしは同級生の人と付き合っていました。

わたしは生まれて初めてちゃんと人を好きになった。早い話が初恋でした。

彼とはたまたま志望校がおなじ東大文Ⅲでした。

三年生になると、お兄さんが東大生の彼はわたしにいろんな情報や助言をくれた。

わたしは前にも書いたけど両親ともに大学受験の経験がほぼなく、親戚もいないので大学受験のイロハのイもわかりませんでした。だからほんとうに助けられたなあって思う。

二年生のときは一緒に海も街も京都も行ったし、よく一緒に出かけてたけど、三年生ではそれもめっきり減って、受験のことばっかりになりました。彼はものすごく努力家で、わたしにないものをいっぱい持っていました。

東大向けの講座も彼が紹介してくれました。(中略)二人で御茶ノ水でラーメン食べたり、楽しい思い出もあったり。


三年生のとき、彼に言われました。

東大に一緒に行こうぜって。

でも、どちらかが落ちたら、別れよう。って。


でね、あとは長くなるからやめるけど。

去年の合格発表。わたしは地方生だけど、見に行きました。

受かってる自信なんてまったくなかったけど、私大を受けてなかったから落ちてたら浪人って決めていて、それならこの目でちゃんと見ておかないと、次の年にいかせないと思ったから。

まあ結果はご存知の通りです。わたしは落ちた。

そして、彼は受かりました。

合格発表の直後、そのまま本郷のキャンパス内で彼と会いました。

「どうだった？」って訊かれて、わたしは「ごめんね」って言って彼の手をちょっとだけ握った。彼は受かったと言ったので、わたしはおめでとうって言いました。

まあ、そのときの気持ちは……察してもらえますよね。


帰りの電車の中で、彼にメールを送りました。

まずはお祝いの言葉。それから、別れの言葉。

これで終わっちゃうんだなあって。だって別れる約束だったから。

正直ずっと付き合ってた、そして初恋の、いろんな苦楽を一緒に越えてきた恋人を失うのはとってもつらかった。

泣くしかなかった。


でも彼は、別れを延期しました。

みおりんは宅浪でがんばるんだ、そんな子を見捨てていけないよと言われました。


三月に二回ほど遊んで、彼は上京しました。

そのあとは彼は忙しいって言って前ほど頻繁には連絡をとれなくなりました。優しいメールはいくつもくれたけど、わたしは宅浪だし、いまみたいに宅浪でうまくいくなんて思ってなかったし、心細さはどんどんつのった。

で。

ちょうど付き合って二年の頃、七月の頭に、別れたほうがいいと思うって言われました。彼は最後まで誠実でいてくれた。そのことに、わたしはいまでも心の底から感謝しています。

わたしのことを嫌いになったわけでも、ほかの女の子に気持ちが移ったわけでもない。この先もずっと応援してることに変わりはないって言っていました。そしてたぶん、それはほんとうでした。

まあでもほんと、かなしくて。でも彼の口調から言って、もうわたしが覆せるような段階ではなかった。だから、いやだとかもう少しとかはまったく言いませんでした。

ただ、これはよくないことかもしれないけど、わたしは彼が悪いとも自分が悪いとも思いませんでした。

高校生が二年付き合って、遠距離になって離れてしまうのはしかたない。潮時かなって。時のせいだと思いました。わたしが勉強不足だった、というのを除けばだけど。

そのあとしばらくはわたしからも連絡はしなかったし、彼もしてきませんでした。

あーでもほんとつらかった。毎日泣いたし、全然夜眠れなくて。心療内科をさがしはじめた頃に急に不眠がおさまったのでよかったけど、そうじゃなかったらいまごろ薬に頼ってたかもわからないです。

八月に、七月の代ゼミの東大模試の結果が返ってきて、わたしは文三でベスト5以内に入っていました。(めっちゃびっくりしました笑)

で、彼に自慢してやろうと思ってメールで威張ってやりました。笑
そこからはまあまあな頻度でメールするようになりました。

夏休みには会いたがってくれたし(会わなかったけど)、冬にはわたしが御茶ノ水の駿

合に行くといったら食事に誘われて会いました。
別れてから初めての対面でした。

ほんとに緊張した。笑

その日は授業の途中からおなかが気持ち悪くなったりもして。

でも、彼に会えるんだ!! っていうのが信じられないくらいで、ほんとにしあわせでした。

結局一時間程度会っていただけでしたが、ずっと彼がしゃべっていておもしろかったです笑

なんのブランクもないというか、付き合っていた頃となにひとつ変わらないやり取りに、わたしがいちばんびっくりしました。

でも、わたしは気づいていた。彼がいまでもわたしに対して人間としての好意をもってくれてるのは間違いない、だって湯島天神のお守りまで買ってきてくれたし。だけどその好意は恋愛感情だけをきれいさっぱり抜いてしまったような感じでした。わたしは肌で強くそれを感じました。

ああ、この人はやっぱり、もうわたしのことをなんとも思ってないんだなって。

わかってたけど、寂しくて、それに別れたのはメールでだったから、初めて正しく失恋できた気がした。

ホテルの部屋に帰って、たくさん泣きました。

まあそこからは割愛です笑
センター前や入試前とか、ことあるごとにどうしてるかどうしてるかってメールが来るので、心配はしてもらっていたようです笑
いつでも励ましてくれました。

でね、今日、彼に合格報告ができました。

部屋探しのこととか、また世話を焼いてくれるようで、わざわざ東大まで行って資料をわたしの家に郵送してくれました笑

(中略)


ごめんなさい。ほんとうに長くなりました。

最後にひとつだけ。

わたしは浪人中、本屋さんで今年度版の東大合格体験記の本を立ち読みしました。

そのなかで、こんなことが書いてあった。

「受験生は恋愛しないほうがいい。受験生の年に失恋なんかしたら、その年はもう終わりでしょう笑」

これは嘘ですよ。笑
わたしはそれを証明したかった。恥ずかしいし、ばかっぽいから、いままで言わなかったけど。
失恋したって東大に受かれます。今日このことをわたしは高らかに宣言したいと思います。

彼にはほんとうに感謝しています。

あのとき別れて、ほんとうにつらい思いをして、変なことですがそれがわたしの自信になりました。

つまるところ、「あんなにつらい思いをしたわたしが、落ちるはずなんてない」という自信です。

その気持ちがずっとわたしを支え続けました。そして現実のものとなりました。

わたしが個人的な話をするのは、これで最後だと思います。お恥ずかしい話でごめんなさい。でも、ずっと、ずっと、これを誰かにしっかり聞いてもらいたかったんです。

おわかりだと思いますが、宅浪は友だちに会えません。失恋後、わたしは誰にも相談できませんでした。八カ月経ってしまいましたが、ここにお話しさせていただいちゃいました。笑

読んでくれた方、いらっしゃったらほんとうにありがとうございます。

「間に合いますか？」じゃない、間に合わせるんだ

わたしは大学時代も合わせると、延べ一万人以上の方の学習相談に乗ってきました。

中学・高校・大学の受験に加え、留学や会社員生活も経験しているので、お答えできる相談の範囲はかなり広いつもりでいます。実際いままで「それはわたしにはまったく答えられません」という質問はほとんどありませんでした。

そんなわたしが、唯一「これはどうやってもお答えできない」と思っている質問があります。

それは、「この学校（もしくはテストの点数や順位）を目指しているんですけど、いまから間に合いますかね？」というもの。

わたしはこれだけはお返事ができないな、と思っています。

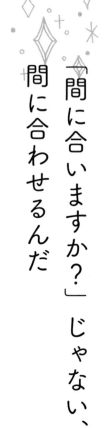

わたしはめったに厳しいことをお伝えすることはないのですが、あえて言います。見ず知らずの人に「いまから間に合いますか？」と訊いているうちは絶対に間に合いません。間に合いますか？　という質問は、「間に合うよ」と回答されたら可能性がありそうだからやってみる、ということだと思います。

逆に「無理だよ」とわたしに言われたらあきらめるのでしょうか。わたしの判断なんて正しいかどうかわからないのに（そもそもその子の詳しい成績や性格を知らないので）、そんな不確かな答えを自分の目標決めの材料にしてしまったら、いつか後悔してしまうと思います。

もしくはそれで後悔しないのであれば、それは本当に欲しいものではないということです。もしもいま膨大な量の宿題を出されて、「これを明日までに終わらせなければ、家族や友だちと一生会えなくさせるぞ」と言われたら、なにがなんでも明日までに終わらせようとしますよね。「間に合いますかね？」なんて訊く余裕も発想も生まれないと思います。本当に手に入れたいものというのはそういうものです。顔も本名もよくわからないわたしなんぞに言われただけであきらめられるなら、それはもともと夢でも目標でもありません。

間に合いそうだからやる。叶いそうだからやる。それは「勝てる試合しかしない」ということです。

勝てる試合だけをすること自体は悪いことではありません。わたしもジャンルや場面によってはそういう戦略をとることもあります。

だけど、勉強という比較的フェアにダイレクトに努力が報われやすいフィールドにおいては、「勝てる試合しかしない」のではなく、「勝てそうにない試合に勝てるようにがんばる」ということを一度でもいいから本気で経験してほしいな、と思います。

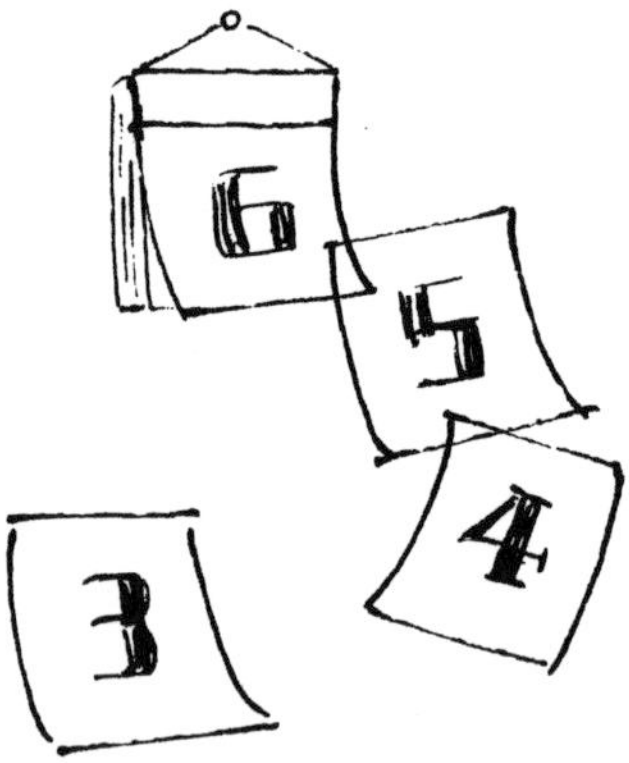

間に合いますか？　じゃないんです。必ず間に合わせるんです。歯を食いしばってでも、あなた自身の力で。
自分には無理だろうと思っていたことができたとき、あるいは結果的には成功しなくても納得のいくところまでやりきったとき、見える世界が少し変わります。目線が一段も二段も高くなります。

だから、見ず知らずのインフルエンサーや周りの人に「間に合いますか?」なんて訊いている時間があるなら、いますぐ間に合わせるための具体的な方法を考えてください。必ずなんとかできるから。

わたしにしてはあえてかなりの厳しめ口調で書いてみましたが(疲れた……! (笑))、それはみなさん一人ひとりの夢や目標が叶うことを願っているからです。こんなところで迷ってないで、前に進んで望むものをつかみ取ってきてください。

わたしが合格発表前夜の日記に書いていたこと

浪人していたころ、わたしはよく日記をつけていました。毎日というわけではなくて、気持ちがわーっとあふれ出したときにだけ。書き散らすことで、気持ちを安定させることもできました。

東大は毎年、三月十日の正午に合格発表が行われます。

その半日前、九日から十日に日付が変わった瞬間も、わたしは日記を書いていました。ひさしぶりに読み返すと、青くさくて、かっこ悪くて、自己満足たっぷりの内容ばかり。でもそこには、東大合格という目標を追い、純粋に努力していた自分の、恥ずかしいほどにまっすぐな言葉の数々が散らばっていました。

いまでも読み返すと、恥ずかしさとともに、初心にかえろう、という気持ちが湧いてきます。

少し、お付き合いいただけたら幸いです。

2014・3・10

あと半日で発表。試験おわってから発表まで、意外と短かったなー……


今日はママとばあばと、じいじのお見舞いに行ったよ。

じいじはよくしゃべってくれた！　さかのぼれば高三の五月の時点でじいじが危ないかもって連絡が入っていて、それであのときは東大の五月祭に行くのをやめたんだった。

こないだだってもう年越せないかもって言って、ママは年賀状書くのもためらってたし、わたしの喪服もあわてて用意したし。

それなのに、じいじはここまで粘ってくれている。絶対合格報告したいよ。

今日じいじ、ママとわたしの顔を見比べて、「親子だなぁ〜」って言ってた。合格発表心配って言ったら、「だいじょうぶだー」って言ってくれた。


半日後、わたしは喜びきわまりない状況にいるのか、なにも食べられないくらい落ち込んでいるのか。

去年はほんとにつらかったなあ、あれはなー……ってひとごとみたいに、でもものすごい実感というか、本人感覚を伴って思い出す。彼（一緒に東大を受験した、高校時代の彼氏）とキャンパスで合格発表会場ですれ違って、「どうだった？」って訊かれて、「ごめんね」って手を握ったの。そしてお別れ。


明日、受かってたら……っていうことはいろいろ考えるけど、落ちてたらのことは全然想像できない。過去の合格者のブログは結構「どんな結果でも受け止める」って発表前日に書いていて、えーそれが合格する人の心境なら、わたしはマズイんだけどな。

わたしは東大以外受けいれられないよ。だって二年かけたんだよ。それだけじゃなくて。わたしは誰のことも蹴落とそうなんて考えなかったし、少なくとも誠実にがんばってはいたつもり。そのうえ二年付き合った彼氏と別れて、それでもいろんな人たちの支えのなかでがんばって、それで不合格なんて受けいれられない。すべてがそういう価値で動くわけじゃないことはわかってる、でもわたしには東大に合格する権利がある。そして義務もあるって信じたい。

この一年、自分のためにに東大を目指したことなんて一度たりともないから。きれいごとに聞こえてもいい、理想がイタくたっていい、わたしは最高水準の環境で学問をして、それを世のため人のためにいかしたいの。そうじゃなかったら、大学で四年間学ぶ機会を与えられた者として、そうじゃなかった人たちに顔向けができないよ。大学に行けるのが普通だってわけじゃないって、わたしは知ってる。だってパパもママもそうだったから。

受かったら、パパとママにプレゼントを渡そう。手紙も書こうと思ってる。

自信はないけど、発表がおそろしい気持ちに加えて、ついさっきから楽しみな気持ちも出てきたんだよね……

受かっていますように。

東大に入ったら、どんな苦しい悲しいことだって、必ず乗り越えてみせるから。

じつはこの二週間後、祖父は他界しています。

わたしが合格報告をしに祖父の入院先の病院に行ったその数日後、息を引き取りました。

その日はわたしが東京に引っ越す予定だった日で、祖父と最後のお別れをした後、わたしたちは疲労困憊《こんぱい》の状態で上京し、一人暮らしの住まいに届く家具や家電の受け取りをし、一泊してから翌日地元に戻りました。そしてお葬式。

祖父に最後に、直接報告ができてよかった。悲しみとともに幕を開けたわたしの東京での新生活。いまでは懐かしい思い出です。

この日記に書かれていることは、なんだか理想が高くて、変な使命感に燃えていて、偽善や綺麗ごとのように聞こえるかもしれません。

だけど、わたしは本気でした。

人間は自分のためだけにがんばるのには限界がある、とわたしは思います。そういう意味で、たとえ自己満足だったとしても、自分のためではなく社会や世界を少しでもよくするために東大に入って勉強したいと望みつづけたことは、受験勉強のモチベーションの維持にも大きな効果があったかもしれません。

なかには、受験で燃え尽きてしまって、大学に入ってからがんばれなくなってしまう人もいます。東大にも、授業にまったく出てこなくなってしまう人や、楽な授業ばかりとろうとする人が何人もいました。

わたしは「自分が合格して喜ぶこと」ではなく「東大で学んで、それを社会に活かすこと」がゴールだったので、大学に入ってからも燃え尽き症候群に陥らなくて済みました。たとえ勘違いでも、「自分はなにか使命があってこの大学にご縁をいただいたんだ」と思えると、一つでも多くのいい刺激や経験を得ようという気持ちに自然となれるかもしれません。進学してから燃え尽きないためには、なんでもいいので大義名分のようなものや大きめの目標を見つけておくといいんじゃないかな、と思います。

東大に合格した日の話

「自分が信じられない夢なんて、誰も信じてはくれない」で、夢や目標を叶えるためには「思い込み」の力がとても大切だというお話をしました。「自分は絶対これを叶えられる人間なんだ！」と信じ込むと、そのとおりにできるようになっていくのです。

思い込んだり信じ込んだりするためには、達成した自分の姿を鮮やかにイメージできるようになることが必要です。そしてそのイメージトレーニングのためには、「合格するとこんな感じになる」という体験談が材料として役立ちます。

そこでここでは、わたしが二度目の受験で第一志望である東大に合格した日のお話をしようと思います。東大受験をご自身の夢や目標に置き換え、ご自身がわたしになったような気持ちで読むことで、イメージの参考にしていただけたらうれしいです。

東大の合格発表は、例年合格掲示板の前で胴上げされる受験生というのが風物詩だったのですが、その年は工事かなにかの影響で、オンラインと郵送のみで発表が行われることになっていました。

一つ前のパートで書いたように、わたしは発表前日、発表が怖い気持ちと同時に、楽しみに感じる気持ちが湧いてきたことに驚きつつ眠りにつきました。

自信があったかと訊かれれば、なかったと答えます。そもそも二次試験の最後、得意科目だったはずの英語でかなりやらかしてしまった実感があり、苦い気持ちで試験会場をあとにしていたんです。直後の手応えは、合格率六十五パーセントくらい。だけどそれも日を追うごとに六十パーセントくらいになり、五十五パーセントくらいになり、最終的には「五分五分かも……」と思うようになっていました。

そんなこんなで迎えた発表当日は、謎に熟睡したうえ、寝坊してしまって十時くらいに起床し（のんきか）、朝食後はなぜかよそ行きのきちんとした服装に着替えて、歯磨きを念入りにして正午の発表に備えました（行動がよくわからない……）。

ちなみに父は会社に行っていて、母は午後出勤の予定かなにかで家にいました。わたしは自室で一人、ノートパソコンを開いて合格発表の専用ページにアクセスし、画面が変わるのを待ちました。

そして正午。ついに画面が切り替わり、結果が表示されました。

でも、わたしの受験番号はそこにはなかった。

一瞬すごく焦りました。よく見ると一ページ目になかっただけで、番号は三ページ目くらいまでつづいていました。

息を止めて、スクロールしました。

そしてようやく、自分の番号を見つけることができました。


うれしい、なんて感情はまったく湧いてきませんでした。あったのはただただ安堵《あんど》だけ。だって、こんなにがんばってきた。やれることは全部やった。これでだめだったら、もう、そんなのどうしたらいいかわからない。そう思っていたので、とにかくほっとして脱力するような感覚でした。

「番号あった」と言うと、そばにいた母が「ええ！　受かった受かった！　すごい、おめでとう！」と跳び上がらんばかりに喜んで抱きついてきました。そこでわたしは初めて、ああ、うれしい、と感じることができたんです。

会社にいた父にもすぐに電話をして報告すると、父も「ええ、ほんとに!? すごいすごい！」と驚きながら喜んでくれました（書いていて思い出しましたが、二人とも喜び要素以上に驚き要素の含有量が多めだった気がします（笑））。

ほどなくして合格通知書がレタックスと呼ばれる電子郵便で届き、合格を実感しました。わたしは浪人中に勉強記録用のブログを書いていたのですが、そこに通知書の写真を載せて合格報告をしました。この一年一緒に戦った受験生ブロガーの人たちはもちろん、普段は「読み専」の読者さんたちも一斉にお祝いコメントを書いてくださり、「こんなにたくさんの方々が応援してくださっていたのか……」と感激と感謝の気持ちでいっぱいになりました。

浪人中にお世話になった先生方や知人にも合格を報告しました。たしか事前に受験番号を伝えてあったので先生方はすでに結果をご存じだったのですが、母校に行ってあらためて報告するととても喜んでくださいました。いつもちょっと怖いと思っていた先生が、孫を見るような目（？）で「よかったなぁ、本当に」としみじみ言ってくださり、なんだか泣き

そうになってしまった記憶があります。

合格がわかって、これからの東大での学生生活に思いを馳《は》せたとき、同時にわたしは思いました。

わたしは、東大に行きたくても行けなかった人たちの存在を、決して忘れずに生きていこう、と。

当時使っていたブログサービスにはたくさんの受験生ブロガーさんたちがいて（いまのようにSNSが発達していなかったので、ブログは最も身近な交流サービスの一つでした）、わたしたちはその日の勉強内容を報告したり、模試の結果をさらして自分に気合いを入れたり、他愛のないことをつぶやいたり、ときには弱音を漏らしたりしながら、顔も本名も知らぬ者同士励まし合ってきました。多くのブロガーさんは自分の志望校と模試の結果を公表していて、同じ志望校のメンバーは自然と仲良くなっていました。

みんなで東大に入ろうね、入学したらみんなで遊びに行きたいね――そう言い合っていました。

だけど、全員が合格できたわけじゃなかった。

何人かのメンバーは、東大に入学することは叶いませんでした。わたしは彼らに会ったことはなかったけれど、日々の記事から彼らがどんなにがんばっているかはわかっていました。だから悔しかった。自分のことのように悔しく感じました。

けれど、本当にがんばったからこそなのかもしれませんが、彼らの報告記事はとても晴れやかだった。やりきった、だからしかたないと思う、と言う人が多かったように思います。その姿に救われ、尊敬の気持ちも抱きながら、わたしはこの人たちのがんばりを忘れずに東大で学ぼう、と思いました。

どんな学校でも、誰かが通っている学校は、誰かが通えなかった学校です。だから、その人たちのぶんまでがんばるなんて言うのはおかしいけれど、少なくともその事実を忘れずに、わたしはこれからも謙虚にがんばろう、とその日わたしは誓いました。その誓いを、いまでも守ろうと努めているつもりです。

06 友だち関係のこと

上を見るのはキリがない、下を見るのは品がない

「周りの子とつい比較して、自分はだめだと思ってしまう」

「親や先生に、きょうだいや同級生と比較されてつらい」

「友だちに成績のことでマウントをとられて、嫌な気持ちになってしまう」

小中高生のフォロワーさんから、こんなお悩み相談をいただくことがよくあります。


他人との比較で悩むのは、大人も子どもも変わりません。わたしの周りにも、「あの人はできるのに自分はできない」「自分がどんなにがんばってもほかの人には敵《かな》わない」というようなことを言う人がたくさんいます。

ではわたしはどうしているかというと、じつはわたしは人生で一度も、誰かと自分を比べたり、比べられたりしたことがありません。

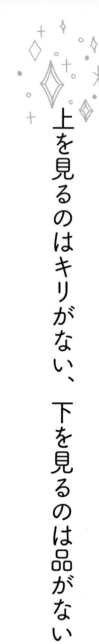

……と言ってしまうとだいぶ語弊《ごへい》があるような感じがするので、ここではもう少し詳しくお話ししてみたいと思います。

わたしは「人と比較する」「人と比較される」ということに対して、たぶんとても鈍感です。おそらく実際にはこれまでに誰かと比較されたことはあったと思うのですが、わたしはそれを感じ取ることがありませんでした。

ではなぜ鈍感になれているのかというと、それは「ある領域において、自分が世界一だと思っているから」です。

それがなんの領域なのか、などについて書くとかなり長くなってしまうのでここでは割愛しますが、わたしには自信をもっている分野がいくつかあります。だから、その他の分野で人と比べられたり、誰かに負けたりしても、「まあ悔しいけど、わたしにはほかにすごいところがあるからね！」と思えているんです。

それが勘違いだろうがハッタリだろうが、そういう正確さはどうでもよくて、大事なのは「そう思い込めている」ということです。

昔、母が教えてくれた子育ての考え方で、こんなものがありました。

「いろんな分野で平均点をとれるようにするより、なにか一つの分野で突き抜けたほうがその子の自信につながる」

わたしは本当にそのとおりだなと感じることがよくあります。全体的にそつなくこなせることも素晴らしい才能ですが、一つ「これは得意!」「これは大好き!」というものがあると自己肯定感も高まるし、それに引っ張られてほかのものも得意になるよう努力できたりします。

人より得意なものを作ることは簡単ではないと思います。でも、人より好きなものなら見つけられるかもしれません。「好きこそものの上手なれ」ということわざもありますが、好きなものができるとそこから得意につながりやすくなります。

周りの人と自分を比較してしまったり、親や先生に比較されてしまったりする人には、「点数化できない領域において『負けない』と思い込める得意や好きを探す」ということがおすすめです。

「点数化できない」というところは一つポイントで、勝手に自分が世界一だと思い込めるために大切です。たとえば「五十メートル走を速く走れること」みたいなものだと、自分のタイムを上回る人が現れたときに「自分は負けてないぞ!」と信じ込むのは難しくなってしまいますよね。一方、「絵が得意（自分にしか描けない絵がある）」「料理が得意（自分にとっていちばんおいしいごはんを作れる）」「とにかく読書が好き（本への情熱なら誰にも負けない）」といったはっきりした点数がつけられない分野なら、勝手に自信をもつことができます。

本当にささいなことでもかまいません。ほんの少しの「自分は負けないぞ」という思い込みの積み重ねが、ちょっとした比較では揺るがない大きな自信になっていきます。


ここでもう一つ、「マウント」というものについても考えてみたいと思います。

マウントをとるというのは、「自分はあなたより優れているんだぞ」ということを暗にアピールする、という行為だと思います。ここで考えたいのが「自慢」との違いです。

わたしは昔から、自慢話をする人が苦手でした。でも、マ

ウントをとる人よりは圧倒的にマシだとも感じます。単なる自慢話はカラッとしている。マウントはジメジメしている。

ではこのカラッとジメジメの違いはなにかというと、それは先ほどから出ている「比較」という感覚だと思います。

自慢話をする人はおそらく、単純に自分のすごい話を聴いてほしい人です。「すごいね！」「天才だね！」などと言われれば満足でき、そこに「誰かと比べて」すごい、という概念はありません。そのすごさは絶対評価であって、相対的なものではありません。

対して、マウントをとる人というのは、相手との比較で自分のすごさを示したい人です。相手に、「すごいね」という気持ちだけでなく、「自分と比べてこの人はすごいんだ」「それに比べたら自分は全然だめだ」という感情まで与えたいということだと思うのです。ここでのすごさは絶対評価ではなく、相対評価です。

わたしが普段思っていることの一つに、「上を見るのはキリがない、下を見るのは品がない」ということがあります。

世界は広すぎるし、すごい人も、すごくない人も多すぎる。本当の世界一にならない限り、どこまでも上には上がいます。逆に自分より下の人を見つけて馬鹿にしたり、マウントをとったりするのも、品性に欠けるかっこ悪い行為だなぁとわたしは感じます。だからマウントなんてとっている暇があったら、下を見ている暇があったら、もっとべつのことに時間を使ったほうがいいのではと思います。そして逆にマウントをとられてストレスが溜まってしまっている人は、まずはそういう相手からはなるべく離れられるような工夫を考えて、それが難しい場合は自分のなかにある「比較」という概念の優先度をなるべく下げられないか考えてみてほしいなと思います。

相手側にいくら「比較」の気持ちがあっても、こちら側にそれがなければそのマウントは無効化することができるはずです。わたしはなにかをひけらかされても、「わたしと比べてどうかはさておき、すごいなぁ」という感覚をもっているので、相手のアピールによって落ち込んだり自信を失ったりすることは避けられています。

……って、言葉で言うだけなら簡単だけれど。でも、ちょっとでも工夫できないか考えてみるだけでも、少し楽になるのではないかなと思います。

あとは、これはこのお悩みだけでなく様々なことにいえますが、「言いたい奴には言わせておけ」という心持ちも大切です。わたしは基本的になにを言われてもそう思っています。

そして、もしこれを読んでいる保護者の方がいらっしゃったら、ぜひお願いしたいことがあります。

それは、お子さんを褒めたり叱ったりするときに、ほかの誰とも比較しないであげてほしいということです。

わたしがいま、他人との比較ということについてほとんどまったく悩まずにいられるのは、両親のコミュニケーションの影響がかなり大きいのではないかと感じています。わたしの両親は、わたしを褒めるときも叱るときも、決して「○○ちゃんと比べて」などとは言わない人たちでした。そして、常に「あなたが存在しているだけでうれしい」という気持ちを全力で表現してくれたので（いまでもたまに帰省すると、「みおりんが帰ってくると幸せ！」「もう東京に帰っちゃうの？　悲しい！」などと言ってくれます……（笑））、わたしは誰かと比べてなにかをできるからではなく、ただただ存在するだけで価値があるのだと感じることができていたように思います。

「友だちと話が合わなくなってきた」は自分が脱皮している証拠

昔からよく、不定期的に悩むことがありました。それは、「いままで親しくしてきた友だちと話が合わなくなってきたかも」という問題。

もともと話が合う友人が多いほうではないのだけど、「この人とは合うかも」と思っていた相手でも、何年か経つとやっぱり同じ目線ではなくなってしまう。いままで話せていたことが話せなくなったり、変に気を遣うようになってしまったり。あれ？　こんな感じだったっけ？　と戸惑ってしまう。

大学時代、これに悩んでインターネットで検索をしたことがありました。たぶん、「友だち　話合わなくなった」みたいなキーワードで。

いくつか開いたページのなかで、読んで気持ちが軽くなったものがあったので、（原文はわからないけれど）ご紹介したいと思います。

それは、「いままで仲良くできていた友だちと話が合わなくなってきたと感じているのは、自分が次のステージに行こうとしているから」というものです。

いままでは、その友だちと自分は似たようなレベルや境遇にあって、同じような目線で同じようなものを見ていた。でも、時が経つにつれて、お互いの状況や考え方には少しずつ変化が生じていき、見える世界が変わってしまった。

これってとてもよくあることだと思うんです。こちらから言ってしまうと高飛車な感じがするので、口に出さないほうがいいとは思うけれど。

わたしは「高校や大学に進学する前後」「大学時代に起業家の方々と話す機会が増えた時期」「大学時代に海外で働く経験をした後」「就活をしているころ」「社会人になったばかりのころ」など、いくつかのタイミングで何人かの友人とは話が合わなくなりました。ただの性格の癖なのだけど、わたしはとにかく止まっているのが嫌いな人間だった。どんどん新しいことに挑戦したいし、どんどん知らない世界に行きたい。だから久しぶりに会う友だちには、話せるアップデートがたくさんあった。こんなことも始めたし、こんなことにも挑戦したし、こんな失敗もあんな葛藤もしたんだ、って。
でも実際にそんな近況を話すことはあまりありませんでした。多くの場合、相手はもっとずっと「前に会ったときのまま」だったからです。
久しぶりに会う友人は、前と状況が全然変わっていなかったり、あるいはなにかに悩んでいたりすることが多くて、必ずしも幸せそうに生き生きとしている感じじゃなかった。わたしの近況を少しでも話せば、「すごいね、みおりんは」「いいよね、みおりんは」と、なにか尊敬と突き放しの入りまじったような言葉を告げられることも何度かありました。だからほとんどの場合、相手の話を聴くことに徹した。

わたしだって一年三百六十五日、ずっと順調だったわけじゃない。つらいときもあったし、涙が止まらない時期だってあった。でも、たぶん周りよりはずっと幸せに見えたんだと思う。

だけど、わたしはなにも努力せず幸せを手に入れてきたわけじゃなかった。

わたしはしんどいときに自分の不幸を人に話したり愚痴ったりしなかったし、幸せなときにそれを無責任にひけらかしたりもしなかった。インプットを増やすためには国内外どこへでも自分で稼いだお金で行ったたし、新しい環境のストレスにだって耐えた。

でも、そんなことを話してもしかたない。……から、そこで「みおりんは私と違ってすごいね」と言ってくる友だちとはなにも言わずに距離を置くことになってしまった。そんなことのくり返し。

前に進もうとすればするほど、進化しようとすればするほど、それまでの友人関係がなくなっていく。それがとても苦しい時期がありました。だからつい、「友だち 話合わなくなった」なんて検索しちゃったんだろう。

だけど一度「それは自分がレベルアップしているからだ」と思えてからは、少し気持ちが楽になって、どんとかまえられるようになりました。切ないけど、これはいわば友だち関係のアップデートなんだと思う。自分がレベルアップをしようとしているから、脱皮をしようとしているから、いままでの場所から大きく動いていない友人とは同じ目線でなくなってしまう。

目線が合わなくなってしまった友だちとは、べつに関係を清算する必要はなくて、付き合い方を変えればいいんだと思う。会う頻度が減ったり、話す内容が変わったり。全部を逐一共有する必要なんてないし、そのときいちばん夢中なことを共有する相手はその時々で変わっていい。そんなの不誠実でもなんでもないよ、浮気でも裏切りでもないのだから。友だち関係は契約じゃない。

いまもわたしは、「あんなに同じような気持ちと目線で話せたのに、こんなに隔たってしまったんだな」と切なくなる機会がよくあります。たとえばわたしの弟はいま遠方で一人暮らしをしていますが、彼には地元に二十数年来の友人が何人もいて。帰省のたびに楽しく遊べる友だちがいる弟が眩《まぶ》しく見えて、わたしはちょっとだめな人間なのかな？と思ったりすることもあります。

だけど少しずつ、これがわたしの付き合い方なんだと思えるようになってきました。べつにわたしは誰のことも裏切ったり傷つけようとしたりしていないし、ちゃんと毎日がんばってるんだもん。悪いことはしてないはず、って。

それに最近は、がんばればがんばっただけ、進化すれば進化しただけ、新たなステージでさらに目線の高い人たちと出会えることがわかるようになりました。これまでの友だちとはもしかしたら以前ほど話が合わなくなってしまうかもしれないけれど、そのぶん新しい友だちや刺激的なつながりができる。だから、後ろ髪を引かれたりせず、なんの遠慮もなく、好きなだけ前に向かっていけばいいんだって。

これからもたくさんの新しい人たちと出会いたいし、素晴らしい人たちに会えるようにどんどん進化していきたいとわたしは思います。「変わらないもの」があればなおいいけど、それは「もしあれば儲《もう》けもの」くらいの気持ちでいようと思う。

「必要友情量」は人によって違う

わたしは主に勉強法についての発信をしていますが、小中高生のフォロワーさんから友だち関係のお悩み相談をいただくこともよくあります。

ただ、友だち関係の悩みを相談する相手としては、わたしはたぶん適任ではないと思っていて。だから、お悩みに積極的にお答えしたり、こうしたテーマでの動画をたくさん撮ったりということはしてきませんでした。

なぜ自分が適任ではないと思うかというと、それはわたし自身、友だち付き合いというものがとても苦手だからです。

小学生のころにはすでに学校の友だち関係に期待しなくなっていて、中学のころは希望をもち直したけれど思春期特有の友人トラブルもあって、高校のころには新たに心を通わせられる友だちを探そうとはもう思わなくなっていました（実際には何人か素敵な友だちにも出会えたけれど)。

社会人になったいまでも、友だちとの距離のとり方で悩むことばかりです。なんでも話せる友だちを見つけるなんて至難の業だと思っているし、ひとりのほうが楽だと感じることもたくさんあります。周りに対して極度に気を遣ってしまう性格と、もともとの身体の弱さもあって、「この人とだったら一緒に旅行に行ける(数日間一緒にいても気を遣わずにいられる)」という友だちもほとんどいません。

ただ、そんなわたしが伝えられることがひとつあります。

それは、友だちがたくさんいなくたって、なんでも話せる相手が一人もいなくたって、べつにやっていけるよ、ということです。

もちろん、いますでに友だちがたくさんいて心が満たされている、という人はそのままでかまいません(それに越したことはないし)。でも、もしいま友だちがいなかったり少なかったりすることに悩んでいる人がいたら、それは必ずしも悲観すべきことではないし、無理して友だちを増やそうとしたり誰かに気に入られようとがんばったりする必要はない、ということをお伝えしたいと思います。

友だちが少なければ、ひとりの時間を活用して、みんなより少し勉強時間を稼げるかもしれない。友だちと一緒だったらおしゃべりに夢中で通りすぎてしまう道端のお花や美しい景色に、ひとりだったら気づけるかもしれない。

「友だちがいない・少ない＝寂しいこと」というわけではありません。ひとりの時間をどう捉えてどう過ごすかは人それぞれです。わたしはいつもひとりの時間を大切にしていて、ときどき「自分会議」というものを開いて自分の心の声を聴いたりしています。

わたしは、人にはそれぞれ「必要友情量」みたいなものがあるのではないかと思っています。

これは、その人その人が普段の生活や人生において必要とする友情の量です。「友だちがたくさん欲しい！　いろいろなことを友だちと共有したい！」という人は必要友情量が多い人、「そんなに友だちがいなくても、ひとりの時間や家族との時間で満たされる」という人は必要友情量が少ない人、ということになります。

わたしはたぶんこの必要友情量が人より少なくて、だからたくさんの友だちはいなくてもいいし、少ない友だちともそんなに高頻度で会わなくてもいいかなと感じています。それは友だちのことが大事じゃないという意味ではなくて、あくまで自分に適した付き合い方がそうであるということです。

必要友情量は人によって違います。友だちは多いほうがいいとか少ないほうが悪いとかいうものではないので、自分の必要友情量に合った友だちの数や付き合い方を模索していけばいいんじゃないかな、とわたしは考えています。

そして、小学校や中学校ではどうしても「友だちがいないと過ごしづらい」という場面が多いと思うのですが、こうした場面は年齢を重ねるごとに減っていきます。授業で二人組を作りましょうみたいな機会は大人になればほとんどないし、年齢を重ねると「ひとりの人=寂しい人」と捉える人もほとんどいなくなります。大学では単独行動をしても特に浮かないし、社会人になってもひとりで楽しめるアクティビティがたくさんあります。

だから、もしいまひとりでいることがつらかったり、自分がおかしいのかなと感じたりしている人がいれば、それはきっといまだけであって、そのうちみんなが追いつくよ、ということを覚えておいてほしいなと思います。

07 社会人になって考えたこと

就職から一年半で会社を辞めてフリーランスになった理由

わたしは現在「勉強法デザイナー」として個人で働いていますが、社会人二年目の九月までは、新卒社員として都内のＩＴ企業に勤めていました。

前職はわたしにとって働きやすい職場で、コロナ禍でありながら安定したお給料をいただける恵まれた環境でした。人間関係もよく、いまでも頻繁に前職の方々と連絡をとったり、食事に行ったりしています。

でもそんななか、わたしは就職から一年半で会社を退職し、コロナ真っ只中の時代に独立するという道を選びました。

「会社を辞めてフリーランスになるのは不安じゃありません

でしたか？」とときどきご質問をいただくのですが、正直めちゃくちゃ不安でした……！（笑）。そもそも自分にはフリーランスとして働く力はないと思っていたし、最終的に決断するまで数カ月間、すごく悩みました。

さかのぼると、わたしは子どものころから自分の協調性のなさに嫌気が差したり、周りに合わせることに過度のストレスを感じたりすることがあり、「自分は将来企業では働けないんだろうな」と思っていました。

就活生時代は、それでもなんとか三〜五年くらいは会社に勤めてみたいな、そこでスキルアップして独立か転職をしたいなと考えていて、面接官にも「三年で力がつけられるところに就職したいと思っています」「起業・独立するのが夢です」などと伝えていました（嫌な就活生……（笑））。このころは、きっと早めのタイミングでドロップアウトすることになってしまうだろうとは思いつつ、最低でも三年くらいは会社員をやるだろうと考えていました。

大学受験の際、情報の少ない田舎に住んでいたわたしは、地理的・経済的格差を埋めて情報を届けてくれるインターネットの素晴らしさを実感していました。その原体験から、

「インターネットを使って、必要な情報やサービスが必要な人のところに届くようにしたい」と思うようになり、Ｗｅｂサービスを運営するＩＴ企業への就職を選択。そして就活を終えたころ、個人で「東大みおりんのわーいわーい喫茶」というブログを立ち上げ、勉強法の発信や学習サービスの提供を始めました。

ですが、会社に入ると同時に、これらの活動はすべてストップしました。会社の仕事にフルコミットし、一刻も早く結果を出したいと思っていたからです。

そんななか、新卒一年目の冬に体調を崩してしまったことをきっかけに、久しぶりにブログ熱が再燃。ブログの更新を再開し、サイトのデザインや構成にもテコ入れを始めます。

その流れで、「ブログではよく見えないノートの中身も、動画ならしっかり紹介できるのでは？」という思いつきから、試しにＹｏｕＴｕｂｅに投稿してみることに。それまで動画を作ったことも、いわゆるＹｏｕＴｕｂｅｒさんの動画をしっかり観たこともほとんどなかったので、完全に手探りと自己流でのチャレンジでした。

最初に公開したのは、大学受験生時代の暗記ノートの中身を紹介するという動画です。いま観ると本当にひどい素人編集……。一月の半ばにこの動画を公開したあと、二月に二、三本の動画を投稿しました。その時点では大きな反響はなかったし、期待もまったくしていませんでした。

異変が起きたのは二月の末です。コロナウイルスが来襲し、全国的に一斉休校となったことがおそらく背景となり、最初に出した暗記ノートの動画が突然バズりだしたのです。YouTubeには、チャンネル登録者さんの数や視聴回数などのデータを確認できる投稿者用のアプリがあるのですが、そのころはアプリを開くたびに増えていく数字にただただ驚いていました。コメント欄で多くの方から新たなリクエストをいただき、それにお応えして週に一本ほど動画を作る生活が始まりました。

この時点では会社の仕事をバリバリがんばりたいと思っていたため、YouTubeやブログはあくまで「副業」として、本業の空いた隙間の時間で取り組むつもりでいました。

ところが、五月ごろからはYouTube経由で企業とのタイアップのお仕事や書籍執筆のお話もいただくようになり、「副業なので……」とは言えない状況になっていきました。会社の仕事が忙しいときは、副業のほうの返信や対応が遅れてしまう。一方で、会社の仕事をしているとき、頭の片隅で副業のことを考えている自分がいる。会社の休憩時間には、お昼ごはんを片手に動画編集に追われることもよくありました。

わたしはもともと、二十四時間三百六十五日仕事のことを考えていたいと思う人間でした。夢のなかでも仕事をしていたし、結果を出すためにできることはなんでもやりたいと思っていました。それなのに、いつのまにか副業のことに頭のスペースをとられて、本業に全力投球できていない自分。そんな自分を、次第に許せなくなっていきました。

もういっそ、会社を辞めて発信業に専念したほうがいいんじゃないか。

新卒二年目になった六月ごろ（ＹｏｕＴｕｂｅを始めて五カ月くらい）から、副業を本業にすること、つまりフリーランスとして独立することを真剣に考えるようになりました。

それまでフリーランスというものに漠然とした憧れはありましたが、わたしのようななんの専門スキルもない、一年ちょっとしか社会で働いたこともないぺーぺーが目指せるような働き方ではないとも思っていました。

ですが、コロナ禍の影響を受けてどんどん高まっていく自宅学習のニーズや、がんがん新規参入者が増えていくＹｏｕＴｕｂｅやその他のＳＮＳの状況を見るうち、わたしのなかに確信めいたものが生まれていきました。

「いま行けば絶対に勝てるわけではないけど、いま行かなかったら絶対に勝てなくなる」

そのころＹｏｕＴｕｂｅをはじめとするＳＮＳでは、コロナ禍以前に比べて教育系のアカウントが徐々に増えていました。そして今後さらに増えてくるだろう、どんどんレッドオーシャン（激しい競争状態の市場）になっていくだろうというのは容易に想像がつきました。

もともと三年くらいは会社に勤めようと思っていたけれど、もし本当にきっかり三年間勤めたら？　いまから一年半以上も遅れてこの世界に飛び込むの？　そのときにはきっとほかのアカウントにシェアを奪われて、わたしの参入スペースは残っていないだろう――そう思いました。

でもいますぐなら、まだ可能性はあるかもしれない。東大×女子×宅浪×地方×勉強法×ノート術……のような自分の差別化ポイントを考えたときに、大きく重なるアカウントがまだあまりなかったからです。

とはいえ、わたしはビジネスの経験が豊かなわけでも、ＹｏｕＴｕｂｅに詳しいわけでもなく、一人でどこまで戦えるのかはまったくの未知数でした（じつは、そもそもＳＮＳを使ったことすらほとんどありませんでした）。明日のごはんが食べられないような生活になることもじゅうぶん考えられたので、独立するのか会社に残るのか、六～七月は病みそうになるくらい迷いました。

そんなビビりのわたしが最終的にフリーランスとなる決断ができた理由は二つあります。

一つは、お金のシミュレーションをしたこと。「コンサバプラン（どんなに悪くてもこれくらいにはなるだろうというイメージ）」「ノーマルプラン（普通に行けばこれくらいになるだろうというイメージ）」「アグレッシブプラン（ここまで行けたら最高！ という攻めたイメージ）」の三パターンを作って収入と支出のシミュレーションを行い、何カ月後にいくらのお金が残るか計算してみました。

これをやってみたところ、少なくとも数カ月は生きていけそうだという試算に。そこでひと安心し、一歩踏み出す勇気がもてました。

もう一つは、ＹｏｕＴｕｂｅやブログでの情報発信活動を本業にするにあたり、前職の仕事や昔から付き合いのあった会社の仕事を「副業」とすることができたことです。

情報発信一本でやっていくには、やはりまだまだ不安がありました。というのも、じつはフリーランスになることを決めたとき、当時副業だったＹｏｕＴｕｂｅやブログの収益というのは、まだまだ生活はとてもできないくらいの額だったからです。

そこでもともと本業だった会社の仕事の一部を業務委託として発注していただいたり、学生時代にインターンをしていた会社や前職の知人からお仕事をいただいたりと、情報発信を本業にする代わりにその他の仕事を副業として確保する形をとりました。こうすることで、たとえ情報発信の仕事がすぐに上手くいかなくても、その他の仕事の収入で生活自体は安定させることができたのです。

これは本当にありがたいことで、お金の心配があると自分はメンタルをやられてしまいやすいということが大学時代の経験からよくわかっていたので、その不安をなくすことができたのは非常によかったです。

こうした副業のお仕事は結局独立から四カ月ほどつづけさせていただき、その後は順調に本業が忙しくなっていったため、継続的な受託はストップして本業一本にしぼることになりました。

最後はえいやで決めたフリーランス生活への挑戦。このときもそうですが、わたしは大きな決断をするときはたいてい、「挑戦したいことが生じるも、難しそうだなと悩む↓ちまちまと情報を集めたりシミュレーションをしたりして、選択肢について詳しく調べる↓迷いに迷った末、最終的には勢いにまかせて『より大変なほう』を選ぶ」というステップを踏むことが多いように思います。慎重に情報を集めて大胆に決定する、というのはわたしの性格に合っている気がして、きっとこれからもこういう選択をしていくんだろうな……という予感がしています。

そして勉強法の発信を始めたときと同じように、いつかフリーランスのことについても体系的な情報発信を始めるのかも……という気がします。『専門スキルも資格もないビビり会社員のためのフリーランス入門』みたいな本、書いてみたいなぁ（笑）

わたしが独立するときに自分と約束したこと

独立を決めた当初、副業（現在の本業）である勉強法デザイナーとしての仕事の収入はまだ会社のお給料ほどなく、安定もしていなかったことから、わたしはこんな不安を抱えていました。

「せっかく独立を決意しても、わたしはお金のことが心配でアルバイトをするか、逆に意地になって無理なチャレンジをつづけて一文無しになってしまうかも……」

そこで、退職する約二カ月前に、「フリーになる自分との約束」というメモを書きました。原文はちょっと書き散らした箇条書きという感じなのですが、まとめると次の三つのような内容です。

①フリーターとして生きるのではなく、本業で自分自身に紐《ひも》づく価値を発揮して食べていく

収入が足りない場合、ついアルバイトなどに手を出してしまう可能性もあるのではと思いました。

でも、わたしは前職の仕事が嫌で会社から逃れるために退職したのではなく、情報発信の活動を本業にするために辞めたはずです。「個人でやっていく」ことは手段であって目的ではないので、そこを履き違えないようにしないと、と思いました。

また、仕事を変えた大きな理由のひとつは、誰でもできる仕事ではなく、おこがましいかもしれないけれどわたし自身にしかできない仕事をして、価値を最大限発揮したいと思ったことでした。その意味で、しっかり覚悟を決めてこの活動にリソースを割こう！と決めていました。

結果的には、独立から三年経ったいまも勉強法デザイナーのお仕事のみで生活が成り立っており、この約束を掲げておいてよかったなと思います。

②前職時代より成功し、周囲を安心させる

会社を辞めると言ったとき、社内の何人かの方からは反対や引き留めの声をいただきました。

それもそのはずというか、わたしの所属していた新規事業の部署はまさにそのとき伸びていて、さらにその事業はそれまでWeb施策が少し軽視されているきらいもあったのですが、当時そのWeb部分ががんがん伸びて社内外の注目を集めているところだったのです。

そしてこのWeb施策を当初から担当していたのがわたしでした（新規事業なのと人手不足なのと人の入れ替わりが激しいのとで、新卒二年目にしてその事業のWeb領域に最も詳しい正社員になってしまっていました……）。

そんななかで退職するのはもったいないという声、まだ学べることがあるのではという助言、さらにはもっとおもしろそうなポジションの提案もいただきました。

それらはすべてありがたく、そして気持ちが一ミリも揺らがなかったといえば嘘になります。でも、わたしはいまYouTubeやブログにリソースを振り切らなかったら、この先この領域では勝てないだろうという確信もありました。

最終的に退職を決めたとき、何カ月か後には「あの子はあのタイミングで独立して正解だったよね」とみなさんに言ってもらえるように結果を出そう、と思いました。そして早く安心してもらおう！　と。

いまでは実際に、「あのとき辞めて正解だったね」「大きく羽ばたいていてすごいね」と言っていただけることが増えました。

③インフルエンサーとして人にパワーを与える

当時のレベルではインフルエンサーなどと自称するのはおこがましかったと思いますが、この先フォロワーさんを何十万人と増やしていき、みんなにパワーを与えるようなインフルエンサーになりたい、と考えていました。

インフルエンサーさんにもいろいろいて、なかには炎上商法を使ったりネガティブなエネルギーを活用したりする方もいますが、わたしは見てくれた方にポジティブな力を与えられるような形を目指しています。

わたしの活動コンセプトは、「すべての人にごきげんな勉強法を」。単なる成績優秀者さんではなく、勉強を楽しめる勉強上手さんを一人でも増やしていくことを使命としています。

……と、こんな感じで書いていたのが「フリーになる自分との約束」でした。いまのところ、途上のものもあれどすべてきちんと守れているように思います。

約束が守れているのはあくまで、こうして書籍を読んでくださったり、ブログやＹｏｕＴｕｂｅを見てくださったりする方々がいらっしゃるからなので（そうでなかったらいまごろきっとバイト三昧か古巣にとんぼ返り……）、本当に毎日感謝の気持ちでいっぱいです。いつもありがとうございます。

わたしは独立のタイミングで、「撤退条件」も決めていました。「ここまでのピンチになったら潔くあきらめ、会社員などに戻る」というラインです。

就活のとき、たくさんの経営者や社会人の方にお会いしましたが、何人かの起業家の方が「起業や開業をすると、上手くいかなくてもずるずる続けてしまってとんでもないことになることがある。だからあらかじめ撤退ラインを決めておいたほうがいい」とおっしゃっていたのが心に残っていて、独立前に決めておこうと思っていました。

ただ、尊敬する方の一人には「そんな弱腰じゃ上手くいくものもいかないぞ」と叱られてしまったので、どちらが正しいのかはよくわかりません（笑）

わたしが決めていた撤退条件は次のようなものでした。

・退職から半年間（2020年10月1日から2021年3月31日まで）で月の平均収入が十万円を切る
・貯金額が四十万円を切る
↓このどちらかが起きた場合はその時点で転職活動をする

貯金額四十万円の根拠は、固定費や奨学金の返済を含むざっくり約二カ月分の生活費です。二カ月生き延びられれば転職に間に合うだろうということで設定しました。ありがたいことに、半年間のうちに収入が会社員時代を下回ることは一度もなく、貯金額もいまのところ心配ない程度にキープできています。

最近、仕事は複数あってもいいし、変えてもいいし、新たに創ってしまってもいいのだなぁと感じています。わたしは会社員時代も副業としてブログやYouTubeの投稿、Webライターの仕事をやっていたし、退職して仕事を変えたし、途中から「勉強法デザイナー」という日本で初めての肩書きを名乗り、いまではそれを職業名として扱っていただいています。

よく「将来の夢が見つからない」「やりたいことがわからない」というご相談をいただくのですが、夢ややりたいことはしぼらなくていいし、少しでもおもしろそうと思ったものは箇条書きでもなんでもいいので書き出してみるといいと思います。気になる職業が三つあったら、人生のなかで三つ経験したっていいんです。一つの仕事を突き詰めるのもかっこいいけど、いろんな仕事をできるのもおもしろいと思いませんか？

わたしはこれからも、臨機応変にお仕事や働き方を考えていきたいなと思います。

わたしが0か100かの完璧主義を卒業できた理由

わたしには子どものころから患《わずら》ってきた、人生を生きづらくさせる厄介な病気がありました。

それは「完璧主義」病。

小学生のころは、音読の宿題でつっかえてしまう自分が許せなくて、一度でもつっかえるとまた最初から読み直したり。テストも絶対に百点をとれないと嫌でした（理科だけはどうがんばってもいつも九十点台だったけど……（笑））。

大学のときは、授業に五分遅れると（大学は高校までと違い、途中入室する人が大量にいます）それだけでもう嫌になり、五分遅れるならもうその授業には出ない、みたいな極端なことも多々ありました。九十五パーセントになってしまうくらいなら、もうゼロパーセントでも同じじゃん、みたいな。

仕事を始めてからも、パワーポイントで作る資料にしてもなんにしても、少し図形がずれているとか、一カ所だけフォントが違ったとか、そういう小さなことでも絶対に許せませんでした。自分の作ったものなら必ず直したし、誰かが作ったものの場合は、指摘や修正はしないけれど一人で勝手にもやもやしてしまうことがよくありました。

でも、あるときふと、「あれ？　わたしいつのまにか完璧主義じゃなくなってるな」と気づきました。いまはそうした小さなミスを見ても、前よりは「まあいっか」と思えます。

これはだんだんと変化したことなので、大きなきっかけがあったというわけではありません。ただ、変化の理由はありました。

それは端的にいうと、「みんな結構いいかげんなんだな」と気づけた、ということです。

わたしは少しの図形のズレにもフォントの間違いにも誤字にも脱字にもだいたい気づくし、気づけば気になってしまう。だけど、たいていの人はそのくらいのことを気にしないし、というかそもそも気づいてもいない。「ここ変ですよね」とこちらから言って初めて、「あったしかに！　気づかなかった～」とリアクションが返ってくるくらい。

じゃあわたしはなんのために気にしてるんだろう、と思いました。自分のほんの少しのミスに気づいて、直して、でもその修正や改善には誰も気づかない。そもそも誰も気づかないようなミスを、自分だけが気にして時間と手間をかけて直して、ちょっと馬鹿みたい、と思いました。そのリソースはなにかべつのことに割いたほうが有意義なんじゃないか。

もちろんいまでも、変わらず気になることはあります。自分の本やブログでは極力誤字を避けたいと思っているし（見つけるとすごくがっくりします）、メディアの報道やほかの方のSNS投稿を見ても、「ずつ」を「づつ」と書いているものや「こんにちは」が「こんにちわ」になっているものや「抑える」と「押さえる」を混同しているものなど、毎日気になってしまうものはたくさんあります。でも、前よりは「どうせみんな気にしてないんだもんな」と流せるようになりました。

0か100かの完璧主義によって、作り上げることができたものや手に入れることができたものはたくさんある。でも、それのせいで失ったものもたぶんいろいろあるだろう……完璧主義を少し卒業して、前より生きやすくなったと感じます。

あとから間違いを直せない書籍のような紙媒体では「完璧主義」をとり、いくらでも修正できるＷｅｂ媒体や、数をたくさん出すことが大切なＳＮＳ投稿などでは「まあまあ主義」をとる、というような感じができたらいいな。完璧主義は決して欠点ではないと思っているので、使うときには使う、使わないときには使わない、と分けていけたらいいなと思います。

二人称で話せる大人になりたい

社会人になってから、学生時代と比べて変わったことがいくつかあります。

生活リズム。
お金の使い方。
お酒の飲み方。
休日の過ごし方。

ほかにもいろいろあるけれど、ひとつ変わったな、というか、解像度が上がったな、と感じるのが「なりたい人の理想像」みたいなもの。「こんな人になりたい」「こんな人にはなりたくない」と思う回数が、学生時代より増えた気がします。

大学生までは、ただ漠然と「優しい人になりたい」「強くなりたい」みたいなことを思うだけで、他人との関わり方や話し方が人によって大きく違うということをあまり考えていなかったと思います。

わたしが会社に入って最初に経験したのは営業系のお仕事でした。

営業には、どんなふうに話すとお客さんが興味をもってくれるか、買ってくれるかみたいな方法論がたくさんあります。わたしはあくまで最初の修行程度に経験しただけだけど、それでもやはりその視点で人を観察すると新たな発見がありました。

わたしが営業スキルを勉強していたころに印象的だったのが、「営業では相手を主語にして話すべし」みたいなメソッドです。

たとえば、車を売りたいとして、「わたしは自分の売上を上げたいから、あなたに車を買ってもらいたいんです」と言っても、お客さんはなかなか「よし、じゃあ買おう！」とはなりません。

一方、「あなたはこの車を買ったら、ご家族を乗せて週末のたびにショッピングやキャンプなどに行って楽しめますよ。だからこの車を買ったほうがいいですよ」と伝えれば、お客さんは「たしかに！」となりやすいですよね。

これは、お客さんを主語にして、お客さんにとってのメリットを話しているからです。考えたら当たり前のことだし、営業としては初歩の初歩だと思うのですが、普段あまりそういうことを考えていなかった当時のわたしには新鮮でした。

そう考えたとき、わたしは日常でも「一人称で話す（自分を主語にして話す）人」と「二人称で話す（相手を主語にして話す）人」がいることに気づくようになりました。

「俺が俺が」の人は、一人称の人。「あなたのために～したほうがいいよ」と言う人は、二人称の人。

そしてわたしは、「自分は二人称で話せる大人になりたい」と思いました。

ビジネスの世界で活躍している人のなかには、意外と一人称のタイプの方も多いように思います。周りを気にせずがつがつアピールしていけるほうが強い場面は、たしかにたくさんあるんだと思う。

わたしも、優秀なビジネスパーソンになりたいです。仕事で成功したい。だけど、わたしは一人称の人ではなく、周りに気を遣える二人称の人間でありたいなぁ、と思いました。というか、そちらのほうが向いているかな、とも思います。

会社員として働いていたころ、あるとき一緒にお酒を飲んでいた上司の方に、わたしは「もう一軒行きましょうよ〜」と言いました。

そのとき、その方は「明日あなたは朝早くから大事な会議でプレゼンをするんだから、今日は早く帰りなさい」とおっしゃったんです。

「もう疲れたから帰ろう」ではなく、わたしを主語にして断ってくれた。夜遅かったし、結構飲んでいたし、もしかすると本当はその方自身もう一軒行くのが面倒くさかったのかもしれません。でも、本音がどうであれ、こういう言い方をしてくれたことがわたしはうれしかったし、大人だなぁ、と感じました。

実際わたしは翌日経営会議に出て大きな予算をとらなければならなかったので、早く帰ったことは正解でした。そして、わたしもあんなふうに、二人称で話せる大人でありたいなぁ、と思ったのでした。

ビジネスや営業に関係なく、相手を主語にして話せる人は、相手の気持ちや立場を想像することができる人だと思います。わたしはそんな人になりたいなぁ、って最近思っています。

「なめさせ力」のある人がかっこいい

学生でも社会人でも、「コミュニケーション能力が大事」といわれる機会は多いと思います。

わたしは以前、コミュニケーションというのは能力の「高い」「低い」で表されるものだと思っていました。最高から最低までグラデーションがあり、なるべく高いところを目指すべきなのだ、と。

ですが大人になるにつれて、コミュニケーションには高い・低いの能力値だけでなく、様々な「タイプ」が存在するのだと感じるようになりました。タイプは、「流派」とか「芸風」と言い換えてもいいかもしれません。

クールに仕事を取り仕切って、周りから一目置かれ尊敬される人。

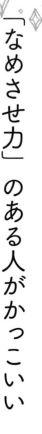

情熱的に思いを語って、チーム全体を盛り上げてまとめる人。
抜けている部分が愛嬌《あいきょう》となって、周囲の人から自然と支えてもらえる人。

こうした人たちは皆「コミュニケーション能力が高い人」に分類されると思いますが、その流派はそれぞれ違います。

わたしが社会人になって出会い、「かっこいい！」と思った流派があります。それは「あえてなめさせる」という一派（？）です。

昔から負けん気が強くプライドが高かったわたしは、とにかく「なめられないこと」が大事だと思っていました。尊敬されたい、と思ったことはあまりありませんが、なめられたくない、という思いはずっとありました。

「なめさせる」派の人たちは、その場のピエロ役を買って出たり、これまでの失敗談や自虐エピソードをおもしろおかしく話したりすることによって、あえて自分に隙を作ります。ここはいじっていいよ、笑っていいよというスペースです。このスペースがあることで、周りの人はその人の懐に飛び込みやすくなり、自然と距離が縮まります。

ここで重要なのは、誰もがこの人に対して気軽になめた口を利《き》けるけれど、誰もこの人を本当になめてはいないということです。みんな心の奥では、この人に対しての根本的な尊敬・リスペクトの念をもっているのです。

なめられているのではなく、あえてなめさせている。こういうコミュニケーションをとる人は、親しみとリスペクトという、時に相反するはずの二つを上手に両立させた関係性を築くことができるのだと思います。

みなさんの周りにもいるのではないでしょうか。いつもクラスのみんなからいじられているけれど、なんだかんだ「あいつはおもしろい奴」「自分はあの人みたいにはなれない」と思われている人。生徒から変なあだ名で呼ばれたり、平気でタメ口を利かれたりするけれど、内心ではみんなから尊敬されている先生。自虐やハプニングエピソードが多く、会社のメンバーにもネタにされがちだけど、じつはみんなからいちばん頼りにされている会社の先輩や上司。

このタイプの人たちと関わるようになって、わたしは「『なめさせ力』がある人ってかっこいい！　わたしもそんなふうになりたい！」と思うようになりました。

自分の多少なりともすごいところを切り取って盾にして、近寄りがたい空気を作るのは簡単です。わたしも、「東大法学部卒」や「独学で大学合格」のようなすごそうな部分だけでブランディングを試みることはできたと思います。

でも、それ以上に、自分の弱いところやだめなところ、「めちゃくちゃ普通」なところをさらけ出してネタにすることって、とてもかっこいいと思うのです。だからわたしは、高校生のころまったくもって東大志望レベルの学力がなかったことも、結局大差で落ちてしまったことも、浪人中に偏差値35をとっていたことも、そもそも勉強があまり好きではなかったことも、包み隠さずみなさんにお話ししています。

わたしが社会人になりたてのときに立てた目標は、「下手《したて》でしたたかなビジネスパーソンになる」でした。卑屈になったり媚びたりするわけではなく、あくまで相手を立てて下手に出る。あえてなめさせる。だけど本当の意味ではなめられないよう、したたかでありつづける。そんな人になりたいなと思っていました（ちなみにここでいう「したたか」は、ずる賢いとかあざといという意味ではなく、「強い、粘り強い」という意味です）。

コミュニケーションは、単に能力・スキルを高めるというのもいいと思うけれど、自分の価値観や美学に合ったとり方・流

派を突き詰めていくのも素敵なんじゃないかな、と思います。身近な人で、「この人の接し方や雰囲気、素敵だなぁ」と感じる人がいたら、その人のコミュニケーションのとり方を真似てみるのもいいでしょう。

わたしはお仕事でもプライベートでも、周囲の方から親しみをもっていただけるようなコミュニケーションを目指していきたいと思っています。

08 家族のこと

わたしの両親がしてくれたこと

保護者の方からよく「みおりんさんのご両親はどんな方ですか?」「ご両親はどんな教育をしてこられたのですか?」とご質問をいただくことがあるので、父と母について少しお話ししたいと思います。

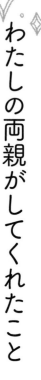

ひとことで言うと、うちの両親は普通の人たちです(笑)。父は高校を卒業してサラリーマンに、母は専門学校を卒業して歯科衛生士になりました。よく「東大生の親」像として語られる教育ママ・パパでも高学歴でもエリートでもお金持ちでもない、ごく普通の夫婦です。

ほかのところでもお話ししましたが、二人の口癖は、「自分たちは家庭の事情で行きたい道を選ばせてもらえなかった。子どもには絶対にそんな思いはさせたくない。子どもが選んだ道を全力で応援したい」ということでした。その言葉どおり、どんな局面でもわたし自身の意志や決意を尊重してくれました。

母はいわゆるお受験をがんばる系の教育ママではありませんでしたが、特にわたしがお腹にいたころや乳幼児だったころは、教育について熱心な人だったと思います。胎教をがんばったり、幼児教育で有名な七田式の教室に通ったり（それほど長い期間ではありませんでしたが）、幼稚園に入る前から公文式を始めたりすることで、「将来勉強で苦労しない子、塾のいらない子になってほしい」と考えていたそうです。それを聞いたのは大人になってからで、「わたし、まんまと『塾のいらない子』になって発信してるわ……」と驚いたのでした。

父は自ら子育てを研究するタイプではなかったと思いますが、仕事熱心ではありながらも家族のことを大切にしてくれる人で、子煩悩《こぼんのう》でした。家族旅行もたくさん企画してくれて、いろいろなところに連れていってくれました。子どもの教育に関しては、基本的に母が調べて父が賛同する、というような流れが多かったのではないかと思います。

わたしが両親に最も感謝していることの一つは、幼いころからたくさんの絵本を読み聞かせしてくれたことです。

母は結婚前に、「将来のためにも、一つ持っておくと安心ですよ」的なうまいことを言われて、安月給だったにも関わらず、こつこつ貯めた大切なお金で高額のダイヤを買ってしまったことがありました。

その後、わたしを授かってから、母は名作の絵本がぎっしり詰まったセットなどから成る「家庭保育園」という幼児教育の教材の存在を知ります。わたしが生まれるとすぐ、母は持っていたダイヤを惜しげもなく手放し、換金した代金でその教材セットを購入したのです。

セットには、ホワイトボードや形遊びのできるマグネットなどいろいろなものが含まれていましたが、いちばん印象に残っているのはやはり絵本です。子ども時代のわたしは絵本が大好きで、両親が読み聞かせてくれる絵本にキャッキャとはしゃいでいる写真や動画がたくさん残っています。

この絵本は、いまも一冊残らず実家の本棚に収められています。高一から浪人時代まで塾に通わなかったわたしは、代わりに四年間で大量の参考書を買い込んでいたのですが、じつはそれですらその絵本の数には及びませんでした。それくらい、わたしの周りには絵本がたくさんあったのです。

わたしは子どものころからいままでも、文章を読むことと書くことがいちばん好きです。

そのルーツには、この絵本の存在や読み聞かせをしてもらった体験が絶対にあると思っています。

絵本を読めば頭がよくなるとか、感受性が豊かになるとか、そういうことは専門家ではないわたしにはいえません。けれど、親が自分のためにたくさんの絵本を買ってくれて、その読み聞かせに時間をたくさんたくさん割いてくれたという事実は、いつもわたしの心をじんわりと温めてくれています。

乳幼児期はそんな感じでしたが、小学校に上がってからは、勉強について親が率先して手を動かしたり意見を言ってきたりということはほとんどありませんでした。宿題をつきっきりで見てもらったり、わからないところを教えてもらったりした記憶もあまりありません。

宿題を見てもらった思い出として残っている貴重な記憶は、中学生のときです。「この立方体をこの線で切ると、断面はどんな形になるか？」という数学の問題を前に、立体図形が苦手なわたしはリビングでうんうんうなっていました（基本的にリビングでしか勉強しない子どもでした）。

そこに、夕食を作っていた母がキッチンから登場。いわく、「この大根で試してみたらいいんじゃないかな」。

なんだ？ と思いながら見ていると、母はあっという間に大根を立方体の形に切り、「こことここで切るわけだから、えい！」と、実際に問題を再現して大根をカットしてみせたのです。

そこにあったのは、机上では理解できなかった図形の断面。

「わあ、すごい！」とわたしは感激しました。母はこんなふうに、生活の知恵を使ってわたしの勉強に協力してくれることがありました。まあ、こんな技は当然テストや入試では使えないわけで（大根と包丁を持ち込んだらたぶん捕まる）、応用はできなかったんですけど（笑）

幼いころからずっと両親がつづけてくれているのは、子どもをとにかく褒めることです。学生時代はもちろん、社会人となったいまでも、ことあるごとにわたしのことを褒めてくれます。「みおりんはたくさんの人たちの役に立つことをしていてすごいよ」といつも言ってくれるので、わたしは自分や自分の仕事に自信をもつことができています。

時期によって病んでしまうことはあるけれど、わたしは総じて高い自己肯定感をもっていると思います。それは一つには、両親がいつも心から褒めてくれたり、無条件の愛情を注いでくれているからではないかと思っています。特に父はストレートに愛情表現をするタイプなので、「みおりんという娘をもってパパ本当に幸せ！」とか恥ずかしげもなくLINEを送ってきます（笑）

そんな父は昨年定年退職し、長年の夢を叶えました。それは、セカンドライフとしてお蕎麦《そば》屋さんを開業するという夢です。

十年くらい趣味で蕎麦を打っていたのですが、ここ数年はお店をもつという目標ができ、着々と準備を進めていました。はじめは家族もびっくりし、お金のことも心配したのですが、紆余曲折《うよきょくせつ》の末、最終的には実家のリビングとキッチンを改装して小さなお店を開くことになりました。

父は高校卒業後から定年まで一つの会社で勤め上げたのですが、就職先は自分自身の夢や目標をもって選んだというより、たまたまそこにご縁をいただいたような形でした。だから、お蕎麦屋さんというお仕事は、父が初めて自ら夢を掲げて行った職業選択だったのだと思います。人生初の飲食業、接客業、個人事業……わからないことだらけで不安も多いはずですが、父は、そして週に二日手伝っている母も、とても生き生きとしています。「今日はこんなお客さんが来て、こんなふうに言ってくれた！」としょっちゅう報告が来るのですが、二人ともとても幸せそうです。

わたしや弟への仕送りを終え、会社員人生も終え、これからは二人が二人の幸せのために生きていってくれたらいいな、わたしも二人を旅行に連れていったり、おいしいものをたくさんごちそうしたりしたいな、と思う今日このごろです。

付かず離れずの大事な弟

わたしには二歳下の弟が一人います。彼は大学進学と同時に実家を出て、いまは大学院の博士課程で学んでいます。

弟とは付かず離れずの関係ですが、お互い心の根本的なところで尊敬や信頼を抱いている相手なのではないか、とわたしは思っています。普段はあまり連絡をとらないし、地理的にかなり遠いので会う機会も減ってしまいましたが、たまに電話をしたり会ったりするといつも数時間話し込んでしまいます。

子どものころは、多くのきょうだいがたぶんそうであるように、しょっちゅう喧嘩をしていました。わたしが「あっＵＦＯだ！」と空を指差して、だまされた弟は「えっ、どこどこ⁉」ときょろきょろ。それを見てわたしが「うっそ〜！」と大笑いし、弟が大激怒したり。家族で外出先から帰ってきたときに、車から走り出していちはやく玄関にたどり着いた弟が「ぼくいっちばーん！」と小躍りして、わたしが「えーん」と悔し泣きしたり。弟が「みかんでもみかんでも（「みかんはみかんでも」の間違い）、すっぱいみかんはなんでしょうか」となぞなぞを出し、わたしが「わかった！　夏みかん！」と回答。弟が「ぶー、正解はれもんでした」と発表し、「みかんじゃないじゃん！」とわたしが怒ったり（泣いたかも）。くだらないエピソードには事欠きません。

弟はどちらかというとアカデミック（学問的）なことに強く、本当にいろいろなことを知っています。わたしは逆に実生活やビジネスに近いことのほうが得意で、大学一年生のころにはすでに「わたしは研究向きではないな、大学院に行くタイプではないな」と思っていました。

高校時代くらいまではわからなかったけど、いまはお互い強みやタイプが違うことがよくわかっています。だからこそ、どちらが優れているということではなく、相手のすごいところに対して純粋にリスペクトをもてていると思います。

わたしは弟のことをすごく尊敬しているし、世界でたった一人の大好きな弟です。彼が一生幸せであれるなら、わたしは一生ちょっと不幸でもいいと思えるくらいです。

最近はあまり会えていないので、近いうちに遊びに行こうと思います。たぶん、またぺちゃくちゃ話し込んじゃうんだろうな。

ずっと見守っててくれたんだね。

わたしには、「この子のおかげで大学に入れた」という恩人がいます。恩人というか、恩猫。

野良猫のたろうです。

たろうという名前は、母が勝手につけました。「おい、鬼太郎《きたろう》！」と母が甲高い声で叫んだところ（なぜ急に目玉おやじのモノマネをしたのかは不明）、たろうがバッと起き上がって反応したのが由来です。

たろうと出会ったのは、わたしが浪人中の六月のことでした。野良猫はそんなに多くない地域だったのですが、彼は当時病みかけていたわたしの前に彗星《すいせい》の如く現れたんです。

はじめは野良猫らしく、とても警戒心の強い子でした。うちのウッドデッキにちょこちょこ来るようになったのですが、サッシを開けたり、ちょっと近づこうとしたりするとすぐに怯えて逃げてしまうような感じ。鳴き声も聞いたことがありませんでした。

だけど時が流れるうちに、少しずつ警戒を解いてくれるようになりました。あるとき、箱座りしているたろうに、母とわたしは寝そべった状態でじりじりと近づいてみました。

でも、かなり距離が近くなってもたろうは逃げようとしません。おそるおそる手を伸ばしてみたら、頭をなでさせてくれたんです。そしてなんと、気持ちよさそうに喉を鳴らしているのが聞こえました。愛情ってちゃんと伝わるんだ……と、なんだか涙が出そうなくらい感動してしまったのを覚えています。

わたしはその夏、失恋を機にひどい不眠状態になってしまっていました。夜は眠れなくて、朝は起きられない。だけど、たろうが毎朝のようにウッドデッキに来ては「にゃー!」と大声で鳴くようになったので、そのうち強制的に起きられるようになりました。たろうとじゃれ合うためなら起きられる！　という感じ。あのときたろうが毎日来てくれなかったら、わたしはずっと不眠状態を抱えたまま、勉強も手につかなかったのではないかと思います。おおげさでなく、東大に入れたのはたろうのおかげでもあると思っています。

猫らしく気まぐれなところのあるたろうは、その後はうちに来る日もあれば来ない日もあったけれど、わたしが心細いときや不安でいっぱいになった日は、なぜか必ずやってきてくれるふしぎな子でした。いまでも覚えているのは、受験が近づいてきた冬の日のこと。その時期、たろうはあまり姿を見せなくなっていました。「いまたろうがいてくれたらなぁ。わたしとっても心細いな……」とわたしがつぶやくと、なんと急に「にゃー」という声が聞こえて、数週間ぶりにたろうが現れたんです。「聞こえてたの⁉」と驚きながら、たろうに会えたうれしさと安心感で、わたしは再び勉強をがんばることができました。

東大受験の当日に至っては、なんとわたしはたろうと電話で話しています（笑）

地方に住んでいたわたしは、入試の前日から一人で渋谷のホテルに宿泊しており、当日の朝母に「がんばってくるね」という趣旨の電話をしました。

しばらく励ましの言葉をかけてくれていた母でしたが、途中で急にバタバタしはじめました。

「ちょっと待ってねみおりん！　いまたろうが来たから電話代わるね！」

え？

たろうが朝来ることはときどきあるけど、猫に電話代わるねってなんなんだ……と戸惑いながら、「た、たろう？」とわたしは言いました。

「にゃ〜〜〜〜」

な、鳴いた……！　たろうだ!!

びっくりと感激でいっぱいになりながら、「たたたたろう、ありがとう！　がんばるからね！」と約束し、わたしは試験会場へと向かったのでした。

毎年一万人くらいが受験する東大の二次試験ですが、試験当日の朝に野良猫と電話していた受験生はわたしくらいだと思います。


と、そんな感じでたろうはわたしのピンチのときに現れてくれる存在です。上京してからはわたしが帰省するタイミングでよく実家に遊びにきてくれて、「わたしのスケジュール知ってるの!?」と驚くこともありました。ちなみに母いわく、「ママがいつも『おねえちゃん○月○日に帰ってくるからね、その日にうちに来てね』ってたろうに言ってるからだよぉ」だそうです。

ですが、時の流れとともに実家の近所の状況も少し変わり、たろうはすぐ近くのお宅の飼い猫になりました。

飼い猫といっても外猫ではあるので、引き続きそのへんをうろちょろしています。でも、前みたいに頻繁に実家には来てくれなくなりました。飼い主さんができたので、ごはんに困っている様子もない。わたしが近づいても逃げてしまうこともありました。

そして大学卒業の日。

卒業式から帰ってきて、実家が近づいてきた車の中。近所のおうちの前を通ったとき、母が「あっ、たろうだ！」と声を上げました。

そこにはたろうがいました。

「最近警戒心強いし、どうせわたしが近づいたら逃げちゃうよ」とわたしは言いました。それでも「行ってみなって」と母が言うので、車から降りて近づくことに。久々のたろうはめちゃくちゃかわいい……でも、やっぱり距離を詰めると走って行ってしまいました。たろうのやつ〜。もうわたしのことわからないのか⁉　ばかになっちゃったのかい？（怒）と、思いながら家に帰ったわたし。ところが車を降りたら、家の前にたろうがいました。

どうやらこっそり先回りしていたようです。

しかも、どうせもう触らせてくれないだろうと思っていたら、近づいても逃げずにわたしの手をくんくんして。そしてわたしの手に頭を少しすりすりしてくれたんです。「たろ〜！」と叫んでなでなでしました。

「たろうはみおりんが今日卒業式だって知ってたんだねぇ」と母。

わたしは小さな声で、たろうに言いました。


たろうのおかげで入れた大学を、今日やっと卒業できたよ。

とにかく元気でいるんだよ。長生きするんだよ。

たまにはうちに来てパパとママに顔を見せてやってね。


たろうはわかったのかわかっていないのか、そそくさと隣の家のお庭に行ってしまいました。

でもきっとわかってるよね、たろう。だってわたしのピンチにいつも駆けつけてくれた子だもん。受験の日、電話で話した仲だもん。

わたしの大学受験や大学生活を支えてくれたのは、人間だけではありませんでした。たろう、きっとずっと見守っててくれたんだね。実際はどうか知らないけれど、わたしはそう都合よく解釈しようと思うよ。

ほんとはずっとなでなでしていたいけど、それが無理でもいい、わたしの知らないところでもいいから、元気で幸せに生きてね。

エピローグ

2022年4月4日の夜、社会人四年目になったばかりのわたしは、パソコンの前で深く息をついていました。

大学卒業直後から毎月返済していた奨学金を、繰り上げて一括返済したのです。

2031年9月まで144回かけて返済予定だった奨学金。地方の一般家庭から上京したわたしが、東大に通いつづけるために必要だったお金。お仕事をがんばって、今日、一括返済をすることができました。

これからも楽しい勉強法をたくさんお届けすることで、みなさんに恩返しをしていきたいと思います。

午後7：19　2022年4月4日

これはわたしが、そのときに投稿したツイートです。

東大は外見も性格も着飾らない素朴な人が多くて、生活水準や金銭感覚の違いを強く感じるということは、普段はあまりありませんでした。だけど、奨学金を借りている子は、少なくともわたしの身近には一、二人くらいしかいなくて（わからなかっただけで、きっと実際にはもっといたと思うのだけれど）。この子たちは卒業後、手取りのお給料すべてが手もとに残るんだよなぁ……って、当たり前だけど少し思ってしまった。もちろん、東京の大学に行かせてもらえていることがものすごくありがたいことだというのはよくわかっていたし、わたしよりもっとずっと切羽詰まった状況の人がたくさんいることも、ちゃんと理解していたつもりだけれど。

返済の引き落とし用に指定している口座と会社の給与振り込み用の口座が違っているせいで、引き落としまでにお金の移動をするのを忘れて、奨学金団体から督促の連絡が来たことが何度もありました。「次回の引き落としまで待ってやるけど、今度忘れたら次はないからな」みたいな内容で（そんな言い方ではないけど）、お金を移し忘れただらしないわたしが当然全部悪いのだけど、「お前は借金を踏み倒している人間だ」と言われている気がして少しずつ心が削れていくようでした。

こんなことをあと十年もつづけていくのはしんどいなぁ、ということで、少し思い切って、少し無理をして、全部返してしまおうと決めたんです。それが去年の四月の夜でした。

わたしが学ぶために必要だったお金を、みんなが学ぶために必要な勉強法やモチベーションを届けることで、しっかり返し終えた。そんな達成感と安堵と、これからもみなさんに恩返しをしていこうという決意と。いろいろな気持ちがあふれてきて、なんだか感慨深い夜でした。

独立してからも、わたしは少しずつ、いろいろなことに挑戦してきました。

独立から半年後に、初めての著書『東大女子のノート術　成績がみるみる上がる教科別勉強法』（エクシア出版）を出版。本を出すというのはわたしの人生の目標の一つでもあったので、喜びもひとしおでした。

それから一年後に、二冊目の著書『やる気も成績もぐんぐんアップ！　中学生のおうち勉強法入門』（実務教育出版）を上梓。それと同時期にサンスター文具さんとのコラボ文具シリーズ「みおりんStudy　Time」が発売され、ロフトをはじめとする全国の文具取扱店で、現在も多くの方にわたしのプロデュース文具を手に取っていただいています。

ラジオやテレビ番組への出演、雑誌の企画の監修や対談、最近では中学校での講演にも積極的に伺わせていただいています。YouTubeやブログ、Instagram、TikTokやX（旧Twitter）での発信も継続的に行っており、総フォロワーさん数は二十五万人を超えました（2023年9月時点）。

わたしは「フォロワーさんの数＝ごきげんに勉強できている人の数」と考えて、この数字を少しでも増やせるように日々がんばっています。そして人数を増やすだけでなく、どうすればフォロワーさんたちがより幸せになってくれるかなぁ、ということを常に考えながら、ちまちまと発信をつづけています。


だけど正直、なにもかもが順調で、毎日活力に満ちあふれて活動できているかといわれると、まったくそんなことはなくて。こんなところに書いていいのかわかりませんが、ここ一年くらいは、ずっと霧の中を進んでいるような感じでもあります。

これからやってみたいこと、やったらきっとおもしろいだろうと思うこと、本当にたくさんいろいろあるのに、前みたいにわくわくできない。「これがやりたい！　絶対叶える！」って思う力がどこかに行ってしまって、「わたしってなにがしたいんだろう」みたいな人生迷子に、いまさらながらなりかけてしまっています。

特にいちばん悩んでいるのは、豊かだったはずの感受性や感性が、ものすごく鈍くなってしまったこと。わくわくできないのもそうだし、強い感動や怒りといった感情も、いつのまにかほとんど湧いてこなくなってきてしまいました。ここ数カ月から数年、しんどいことが起こるたびに「これを正面から感じ取っていたら心がもたないな」と身体が勝手に判断して、感性をオフにしてきてしまったんだろうなと思います。それが積み重なっていって、気づいたらスマホの機内モードみたいな状態になってしまった。電源は入っているけど、自分から電波を発することも、外からの電波を受け取ることもできない状態。

なんとかこれを打開しなくてはと思い立ち、先日大きな本屋さんを好きなだけ歩き回るということをしてみました。なにも目的を決めず、目についた棚、見たいと思った棚、全部見尽くす一人ツアー。欲しいと思った本は全部買って、家に帰っても気が済むまで本を読みつづける一日。

そのとき、ほんの少しだけど、失いかけていた感性が戻ってきた感じがした。ああわたし、こんなものも、あんなことも好きだったよなぁ、って思えたんです。やっぱりわたしにとって、本は心の栄養だし、なくしかけていたものを取り戻させてくれる存在なんだなぁって思いました。

この本もそんなふうに、誰かにとっての栄養や心のよりどころになってくれたらいいな。そんなことをあらためて思いながら、このエピローグを書いています。

最後になりますが、「スタディーエッセイなるものを作りたいんです!」というわたしの謎の熱意を受け止めサポートしてくださった二見書房の小塩隆之さんとフリー編集者の松本尚士さん、ほっこり心があたたまる素敵なイラストを描いてくださった楠木雪野さん、「お守り」として机に置いておくのにぴったりの素晴らしい本に仕上げてくださったデザイナー・装丁夜話の折原カズヒロさん、度重なる修正にも迅速にご対応いただいたDTPの奈良有望さんに、心より感謝申し上げます。

そして、わたしにたくさんの愛を贈りつづけてくれる両親と、世界で一人の大事な弟と、かわいい恩猫のたろうにも、この場を借りてありがとうと伝えたいと思います。

そしてそしてなにより、この本を最後まで読んでくださったみなさま、いつもみおりんカフェの発信をご覧くださっているみなさま。本当に本当にありがとうございます。

みなさんの勉強ライフが、ほんの少しでも明るく彩り豊かなものになりますように。

これからも、陰ながらずっと応援しています。

みおりん

みおりん

勉強法デザイナー。地方の公立高校から東大を受験するも、高３では大差で不合格に。１年間の自宅浪人の末に東大文Ⅲに入学し、その後法学部へ進学。３年生修了と同時にカナダでのワーキングホリデーに挑戦し、2019年３月に同大学を卒業。都内のIT企業での勤務を経て、2020年に独立。

YouTube「みおりんカフェ」(チャンネル登録者数14万人／ 2023年9月時点)をはじめとした各種SNSでは、「すべての人にごきげんな勉強法を」をコンセプトに子どもから大人まで使える勉強法やノート術を紹介中。そのほか、文房具シリーズ「みおりんStudy Time」のプロデュースや学校講演なども行っている。

著書に『東大女子のノート術 成績がみるみる上がる教科別勉強法』『どんどん勉強が楽しくなるノート術 いますぐ使えて一生役立つアイデア77』(以上、エクシア出版) や『中学生のおうち勉強法』シリーズ (実務教育出版)、『大学合格を引き寄せる！東大卒がおしえる 逆転おうち勉強法』(KADOKAWA) などがある。

装丁・本文デザイン：折原カズヒロ
カバー・本文イラスト：楠木雪野
DTP：サンゴグラフ
編集協力：松本尚士

豆腐メンタルのわたしが宅浪で東大に入れた理由《わけ》

2023年11月25日　初版発行

著　者　みおりん

発行所　株式会社二見書房
〒101-8405
東京都千代田区神田三崎町2-18-11
電話03 (3515) 2311 ［営業］
03 (3515) 2313 ［編集］
振替00170-4-2639

印　刷　株式会社 堀内印刷所
製　本　株式会社 村上製本所

落丁・乱丁本はお取替えいたします。
定価は、カバーに表示してあります。

ISBN978-4-576-23130-3
https://www.futami.co.jp